Eurus

Notus

幕末社会

須田 努
Tsutomu Suda

Boreas

Zephyrus

岩波新書
1909

はじめに

これから本書で考えてゆくのは、西暦でいう一九世紀前半の日本の社会である。その際、この時代をどう認識し表現するか、ということが問題となる。「近代移行期」という学術用語もあるが、わたしはこの時代を、ごく普通に言い習わされてきた「幕末」と表記したい。

たとえば、この時代を生きた人物として、落語を口語体の文芸作品として創作していった三《さん》遊亭円朝《ゆうていえんちょう》という天才噺家《はなしか》がいる。彼は天保一〇年(一八三九)に生まれ、安政から文久期に「怪《かい》談牡丹燈籠《だんぼたんどうろう》」や「真景累が淵《しんけいかさねがふち》」という名作を、そして文明開化期に「塩原多助一代記《しおばらたすけいちだいき》」など多数の噺を創作し、明治三三年(一九〇〇)に死去した。江戸から明治へと大きく時代が変わったとしても、彼のように人の一生は連続していた、というしごく当たり前のことを重視し、また、当時生きていた無数の人びとの中で、国家の将来像といったものを模索しえたのは、横井小楠《よこいしょうなん》や西郷隆盛《さいごうたかもり》、そして福沢諭吉《ふくざわゆきち》といったごく僅かの〝怪物〟だけであった、ということも意識した。多くの人びとは、次の時代、ましてや近代など思い描くことなどできなかったのである。

しかしいっぽう、幕府や藩の支配が緩み社会が騒然とする中で、〝徳川さんの世が終わる〟、との実感はもっていたのである。

わたしがこの時代を「幕末」と認識するのは、こういった意味からである。そして、本書でこだわりたいのは、政治や制度ではなく、社会の様相である。

では、その社会をどのような視点から見るか、ということが肝要となる。わたしは、歴史学徒として歩き出した時から、百姓一揆や騒動といった江戸時代のいわゆる民衆運動を専門としてきた。そこには社会矛盾が凝集され、〝衆〟としての人びとの思いが込められており、それを通して当該期の社会を理解することが可能である、ということがその理由であり、いまもそう認識している。そこで、本書でも、幕末の各時期を象徴する著名な百姓一揆や騒動を取り上げてみようと思う。

歴史は人びとの営みの積み重ねであり、社会は人びとの集合体から成り立つ。本書ではそれを意識して、幕末特有のさまざまな社会的ネットワークも取り上げてみた。〝衆〟としての人びとの思いがそこには流れているからである。そしてまた、各時期を象徴するような個人を登場させ、彼ら・彼女らの〝個〟としての生き方にも注目してみた。

わたしは、高校教師・予備校講師として、約二〇年間教育現場で日本史を担当していた。教科書はどの時代も政治史・制度史中心であり、生徒に歴史への興味をもたせることに苦心した。

また、大学教員になってからは、現代社会(現実社会)との関わりや、わたしや学生の立場(主体性)に重きを置いて講義を行っている。さらに、市民講座を担当することもあり、熱心な歴史ファンの方々にも触れてきた。

そこで、教育現場の先生方の副読本として、また学生たちが多様な歴史認識をもてるように、そして、歴史に関心のある多くの方々がさらに理解を深めるために、といった思いから本書を叙述し、幕末の社会と文化・思想に重点を置いてトピックを選択した。みなさんの御役にたてれば幸いである。

目　次

図版出典一覧

1–1……国立歴史民俗博物館編『民衆文化とつくられたヒーローたち』国立歴史民俗博物館，2004 年，44 頁.

1–2, 1–4, 1–7, 1–9, 2–1, 2–6, 2–8, 2–10, 3–1, 3–2, 3–4, 3–6, 4–1〜5, 4–8〜11, 4–13, 4–14……筆者撮影.

1–3……個人蔵／国立歴史民俗博物館編『民衆文化とつくられたヒーローたち』国立歴史民俗博物館，2004 年，50 頁.

1–5……個人蔵，玉村町歴史資料館寄託／筆者撮影.

1–6, 1–8, 3–5, 4–6, 4–12……筆者作成(4–6 は飯能市名栗村史編集委員会編『名栗の歴史』上，飯能市，2008 年，428 頁の地図を参考に作成)／作図：前田茂実.

1–10……致道博物館.

2–2……埼玉県立歴史と民俗の博物館.

2–3……真田宝物館／筆者撮影.

2–4……善光寺／筆者撮影.

2–5……国立歴史民俗博物館編『鯰絵のイマジネーション』国立歴史民俗博物館，2021 年，27 頁.

2–7……福島県歴史資料館／筆者撮影.

2–9……個人蔵.

3–3……個人蔵，豊丘村歴史民俗資料館／筆者撮影.

4–7……飯能市立博物館／筆者撮影.

序章　武威と仁政という政治理念

慶長	1596 ～ 1615 年
元和	1615 ～ 1624 年
寛永	1624 ～ 1644 年
正保	1644 ～ 1648 年
慶安	1648 ～ 1652 年
承応	1652 ～ 1655 年
明暦	1655 ～ 1658 年
万治	1658 ～ 1661 年
寛文	1661 ～ 1673 年
延宝	1673 ～ 1681 年
天和	1681 ～ 1684 年
貞享	1684 ～ 1688 年
元禄	1688 ～ 1704 年
宝永	1704 ～ 1711 年
正徳	1711 ～ 1716 年
享保	1716 ～ 1736 年
元文	1736 ～ 1741 年
寛保	1741 ～ 1744 年
延享	1744 ～ 1748 年
寛延	1748 ～ 1751 年
宝暦	1751 ～ 1764 年
明和	1764 ～ 1772 年
安永	1772 ～ 1781 年
天明	1781 ～ 1789 年
寛政	1789 ～ 1801 年
享和	1801 ～ 1804 年
文化	1804 ～ 1818 年
文政	1818 ～ 1830 年

序章では、幕末社会を考える前提として、江戸時代の社会とはどのようなものであったのかという、研究者の一生が費やされるであろう問題を、おおまかにではあるが見通しておきたい。

1　江戸時代　社会の枠組み

江戸時代の社会をまず大きな枠組みから俯瞰《ふかん》してみよう。豊臣政権・江戸幕府という統一政《とういつせい》権《けん》の登場により、非・被支配者(以下、民衆)は、兵農分離のもと、自力の力を奪われ〝政治の牙〟を抜かれた、という見解がある。しかしいっぽう、約一五〇年にも及んだ苛酷な暴力の時代(戦国の世)から解放され、紛争は暴力により解決するのではなく、幕藩領主に訴えるという途が開かれた、という積極的評価も可能である。

政治理念への注目

統一政権は自らを「公儀《こうぎ》」と位置づけ、個別大名の上位権力として君臨しつつ、社会の安寧を保つ責務を担った。そしてその結果、民衆の大部分を占めた農民は、百姓という公的身分を手に入れ、いわゆる刀狩令にある「子々孫々まで長久《ちょうきゅう》」に存続しえる存在となった。治者となった武士は武力を独占するかわりに、百姓を恣意的《しいてき》に殺害したり酷使することを、理念上否定したのである。

本書では、この理念という問題を重視したい。いつの時代にも、またどのような社会にも、その政治・社会体制を維持するための制度と、それを支える政治理念が存在する。石高制《こくだかせい》・兵農分離・世襲的身分制・鎖国といった諸制度は幕藩体制を維持し、仁政《じんせい》と武威《ぶい》という二つの大きな政治理念がそれを支えていたのである。

仁政と武威

治者となった武士は、征夷大将軍の徳川家が「偃武《えんぶ》」=平和を作り出し、大名などの個別領主がそれを保全している、ということを強調した。そして、それを前提にして、幕藩領主は百姓に重い年貢を課すが、百姓の生命と家の相続を公法的に保障しなければならない、という考え方が生まれた。これを仁政と呼称する。

武威の説明には少々時代を遡りたい。一六世紀末、豊臣秀吉は朝鮮侵略の際、「日本弓箭《きゅうせん》きびしき国」、「大明《だいみん》長袖国《ちょうしゅうこく》」と語った(「豊臣秀吉朱印状　先手備之事」)。ここには、戦国を勝ち抜いた秀吉の武力への絶対的な自信と、文弱と見た中国への侮蔑意識が投影されている。そして、江戸時代に入ると、朝鮮侵略は失敗に終わったにもかかわらず、小瀬甫庵《おぜほあん》の『太閤記』(寛永期〈一七世紀前半〉刊行)などの読み物や、これをたね本にした近松門左衛門《ちかまつもんざえもん》「本朝三国志《ほんちょうさんごくし》」(享保四年〈一七一九〉初演)によって、武威を広げた勇壮な物語として語られていった。

一七世紀半ば、儒教文明の中核をなしていた明は滅ぼされ、夷狄《いてき》とされていた北方民族が清を建国した。このアジアの変動を受けて、寛文期(一七世紀後半)以降、日本の治者や知識人の中では、日本型華夷意識《にほんがたかいいしき》とよばれる自国優位の世界観が創られてゆく。本場中国の華夷意識は儒教文明の受容の優劣に基づくものであるが、これに対して、日本型華夷意識とは武力に裏付けされたものであった。

そして、武士は強大な武力を独占し治者として君臨するが、これを弱き民に直接行使することなく、彼らを畏怖《いふ》させ支配を貫徹《かんてつ》させる、ということも意識された。こうして、治者や知識人は、日本型華夷意識を基盤にした武力を信奉する武威という政治理念を創り上げた。

この武威は、元禄期頃(一七世紀末)から、浄瑠璃《じょうるり》や歌舞伎《かぶき》というメディアを通じて民衆にも共有されていった(「江戸時代　民衆の朝鮮・朝鮮人観」)。本書では、この二つの政治理念の動揺と崩壊といった視点から幕末社会をみてゆきたい。

2　百姓一揆という社会文化

仁政と武威という二つの政治理念のもと、紛争への対処と治者への対抗に関して、人びとは暴力を封印し、幕藩領主に「恐れながら」訴える(訴願《そがん》)という途を選んだ。八鍬友広さんは、寛永期頃(一七世紀前半)から、訴状を編纂した目安往来物《めやすおうらいもの》という手習い教科書が作られはじめ、百姓たちはこれを通じて訴願の有効性を学び取っていった、と論じた(『闘いを記憶する百姓たち』)。元禄・享保期(一七世紀末から一八世紀前半)に入ると、全国の百姓一揆の方法と手段は訴願へと均質化し、暴力・放火と盗みを禁じる作法《さほう》が慣習的に生まれていたことはわかっていた。しかし、その作法がどのような具体的経緯で創られ広がっていったのか、ということは不明であった。八鍬さんはそれを丁寧に実証したのである。

明和から天明期(一八世紀後半)にはいると、百姓一揆は広域化してゆく。この時期の百姓一揆を丹念に分析した若尾政希さんは、一揆の様相をデフォルメして描いた百姓一揆物語ともいうべき読み物が創られていることに着目し、その中で仁政がことさらに強調されている、と論じた(『百姓一揆』)。

百姓一揆とは何か

わたしは、『編年百姓一揆史料集成』という史料集をもとに、江戸時代に発生した百姓一揆(徒党・強訴・逃散)と打ちこわしを全国にわたり網羅的に調べ、その総数を一四三〇件にしぼりこみ、さらにその内実を検討した結果、武器を携行・使用した事例はわずか一四件(〇・九八%)でしかなく、さらに、この一四件のうち一八世紀に発生したものは一件だけであり、残り一三件のうち八件が天保期(一九世紀前半)以降に集中していることを発見できた(『「悪党」の一九世紀』)。一八世紀まで、百姓たちは百姓一揆・打ちこわしの際に暴力を抑制していた。百姓は幕藩領主の仁政を期待し、それを引き出すために訴願という手段を主体的に選択していたのである。もちろん、武力を独占した幕藩領主の力は圧倒的であり、被治者の暴力でそれに対抗できない。つまり、幕藩領主の武威は恐ろしい、という意識もあった。

要求を通すためには、武装蜂起よりも訴願のほうが有効となった。戦国時代が終焉し「偃武」の社会に入ったからこそ、人びとは武器と暴力を封印し、幕藩領主の武威を畏怖しつつ、訴願を行い、彼らの仁政を引き出そうとして百姓一揆を起こしたのである。百姓一揆の中核は訴願といえる。

封印される暴力

江戸時代の村々に刀・鉄砲といった武器が存在していたことは、すでに周知のこととなっている。もちろん、この事実をもって、江戸時代の村が武力を有していた、という短絡的な理解はできない。武器の使用に長けた人たちによって、人を殺害するために組織化されたものが武力である。村々に武器が存在していたことと、人びとがそれを集団で行使できるということとは、まったく意味が異なる。江戸時代の民衆は、意識して暴力そのものを〝引き出し〟の奥に封印したのである。

仁政と武威という政治理念が正常に機能している中で、暴力・放火・盗みを禁止するという百姓一揆の作法が創られ、遵守されていたといえる。百姓一揆とは、同時期のアジア・ヨーロッパに例を見ない、江戸時代特有の社会文化であった。

さて、幕末社会をみてゆくうえで、予見的なことを述べておきたい。仁政と武威という政治理念が揺らげば、百姓一揆の作法も変容するのではないか、ということである。

3　既得権益の時代

江戸時代、対外戦争や内戦を経験しない「偃武」環境が約二六〇年間も持続した中で、民衆は〝いくさ〟から解放され、生産活動のみに従事することが可能となった。そして、江戸時代中期（一八世紀前半）、農業生産は最盛を誇ることになる。

江戸時代に形成された城下町では、兵農分離によって消費者となった武士の生活を支えるために商人や職人が集住し、その結果、流通経済は飛躍的に発達した。町と村を結ぶ商人の活動により、村において商品作物栽培が活性化し、特産物生産地帯が形成されるようになった。また、城下町の形成と拡張に出職《でしょく》の職人は欠かせない存在となり、また居職《いじょく》の職人は創意工夫をこらし技術を磨き、名人と呼ばれる者も出てくるようになった。こうして、深谷克己さんが語ったように、元禄から享保期に成熟した民間社会が形成されていった（『江戸時代』）。

村という共同体

もちろん、在地社会は牧歌的なものではなく、百姓たちは村の中で、少しでも良い政治的・経済的立場に上昇するために、そして、家の存続と繁栄を願い行動していた。百姓という同一身分の中においても熾烈《しれつ》な競争がくりひろげられていたのである。

幕藩領主は、百姓を個別人身的にではなく、村を単位として支配するようになり、年貢・諸役は村が総体として請け負うこととなった。江戸時代、この村請制《むらうけせい》のもと、村には一定の自治が機能していた。

ただし、その自治に参加できたのは、検地帳《けんちちょう》に登録され、田畑・屋敷地を所持し年貢・諸役賦課の対象となった本百姓《ほんびゃくしょう》だけであった。さらに、この本百姓のうち有力な者が、名主・組頭などの村役人となり、自治の中心を担った。なお、この有力な者とは、関東の村の場合、中世の土豪の子孫や、村落開発の中心となった「草切り百姓」の系譜に繋がる百姓をさす。

村役人には、村の組織運営と年貢割り付け、といった行政を行うための文書作成・管理能力や、リーダーとしての経験が求められ、おのずから年季の入った「おとな」たちがその任務に就いた。そして、兵農分離のもと、村役人は幕藩領主の支配の末端に位置づけられた。幕藩領主の強大な権力と、仁政と武威の政治理念のもと、村役人やそれを補佐する「おとな」たちの権威はきわめて大きなものであった。

全国の村落史料を調査研究し、江戸時代の村落史研究と地域社会論をリードし続けている渡辺尚志さんは、その研究の成果を凝集させた『日本近世村落論』の中で、村とは幕藩体制の基礎単位であり、家族経営の維持・発展を支える共同体であったとし、村は住民の人口を適正規模に保つために、さまざまなかたちで村内の家数をコントロールした、と論じた。在地社会の基盤をなす村の規制力は、一定の自治が認められているがゆえに強固であった。

江戸時代、百姓の土地は個人ではなく家の所持とされた。この家とは、家名をもち、家族を労働の単位として一定の家産を形成するもので、文禄・慶長から寛永期頃(一六世紀から一七世紀)成立しはじめた。百姓は墓と先祖《せんぞ》崇拝《すうはい》を重視し、家の存続に絶対的価値を置き、よりいっそうの家の繁栄を願い、新田開発を行っていった。

百姓株の固定

元禄期頃(一七世紀末)までが、大開墾時代ともよべる時期で、列島全体で耕地面積と人口が飛躍的に増加し、百姓の家は広範に成立した。しかし、農業生産には水利・肥料が不可欠であり、新田開発はその供給地である山野を狭め、用水の枯渇《こかつ》を招く、という問題を引き起こした。享保期(一八世紀前半)、新田開発は限界をむかえる。村は、既存の耕地を維持するために、資源の利用が可能な範囲に家数を定め、それを百姓株《ひゃくしょうかぶ》として固定した。その結果、新たに分家を創ることは難しくなってゆく。

家を相続できるのは一人であり、それ以外の構成員は養子に出るか、家を相続した人物に隷《れい》属《ぞく》する「厄介《やっかい》」になるしかなかった。また、大開墾時代には移住先の村が許可し、種々の手続きを行えば、百姓の移動は可能であった。しかし、一八世紀以降、それも難しくなってゆく。

次に町の様相に触れたい。そこには、職人・商人・乞食《こじき》・穢多《えた》・非人《ひにん》など、さまざまな人びとが暮らしていた。このうち、家持《いえもち》であり、幕藩領主の設定する役を負担する者で、町にみとめられた町共同体の構成員だけが身分としての町人《ちょうにん》となれた。

株仲間の社会的意味

幕府は、明暦三年(一六五七)の江戸大火ののち、商業統制を目的として、江戸の町人に同業者仲間を作らせた。また、享保期には、拡大する消費経済を統制する目的で、油・真綿・炭など生活必需品を扱う江戸の町人たちに、同業者仲間のさらなる結成を命じた。そして、天明期(一八世紀後半)、老中田沼意次《たぬまおきつぐ》は運上金《うんじょうきん》・冥加金《みょうがきん》を取り立てるために、江戸・大坂を中心にさまざまな業種に株仲間《かぶなかま》の結成を命じた。これは、高校日本史教科書に出てくる「株仲間公認」という財政政策であり、諸藩もこれに倣った。その結果、株仲間による独占がすすみ、物価の上昇が起こる。

わたしが注目したいのは、そのことがもつ社会的意味である。仲間に加入しなければ、当該商品を扱うことはできず、仲間の人数は限定され株として固定され、新規参入はほとんど不可能になった。百姓がいやになったから、もしくは家を相続できないから「町に出て商売でもはじめるか」といったことはできないのである。たとえば、江戸に出たとしても、奉公人、日傭《ひよう》稼《かせ》ぎか棒手振《ぼてぶり》として、その日その日を生きてゆくしかない。「宵越《よいご》しの金」など残るはずもなかった。

祖法墨守の精神

このように、一八世紀には村や町に株という名の既得権益《きとくけんえき》が形成された。そこから、祖法《そほう》を墨守《ぼくしゅ》し、新儀《しんぎ》を忌み嫌う保守的精神が醸成《じょうせい》されてゆく。世襲的身分制度のもと、既得権益は特定の家に維持されてゆく。その対極には、生まれながらそのラインから外れた、その日暮らしの多くの貧しい人びとがいたのである。江戸時代の民間社会とはこのような側面も有していた。

わたしが重視したいのは、江戸時代の人びとが既得権益に縛られ生きてゆくことを肯首《こうしゅ》していた、ということである。社会は安定するが、若者が将来に夢をもてない時代となってゆく。そのような社会で、仁政をかかげた幕藩領主は自然災害や飢饉の際に、貧民救済をおこなっていた。多くの人びとの生命維持はこの仁政にかかっていた。ところが、幕末にこの仁政が揺らぎ始めるのである。

江戸時代の政治と社会は武威と仁政という政治理念に支えられ安定していた、ということを逆説的に考えると、この二つの政治理念が動揺すれば社会は不安定になる、ということである。さらに重要なことは、そうなった場合、既存の政治・社会体制のもと、当為《とうい》とされてきた価値観・倫理・ルールへの疑問と不信が広がってゆく、という点である。さきに、百姓一揆・打ちこわしのうち、武器の携行・使用がみられたものが天保期以降に集中している、と述べた。この事実こそが、当為崩壊の象徴といえよう。

また、江戸時代、民間社会は成熟したが、既得権益が強固なものとなり、江戸時代後期(一八世紀後半)以降、若者が将来への希望を見つけられない時代となっていた。そのような中で、若者たちがさまざまな形で自己主張を強め、既存の秩序・価値観に抵抗してゆくのも、天保期(一九世紀前半)であった。これらの点を意識して、本書では幕末の起点を天保期に置いた。

第一章　天保期の社会　揺らぐ仁政

天保元年～14年
（1830～1843）

慶応三年(一八六七)の大政奉還によって江戸幕府は滅んだ。しごくあたりまえであるが、約二六〇年も続いた幕府が突如倒れたわけではない。既存の政治体制の崩壊の起点はいつか、という問題は難儀であるが、わたしはそれを天保期に求めたい。序章で述べたように、天保期、幕藩体制を支えていた政治理念である仁政と武威が揺らぎはじめ、幕藩領主がそのことを自覚し始めたからである。

水戸藩主徳川斉昭《とくがわなりあき》は、天保という時代を「内憂外患《ないゆうがいかん》」という概念で表した(天保九年〈一八三八〉「戊戌封事《ぼじゅつふうじ》」)。高校日本史でも触れる有名な言葉である。彼は甲州騒動(後述)、三河《みかわ》・加茂《かも》一揆《いっき》、大塩平八郎《おおしおへいはちろう》の乱などの広域な百姓一揆・騒動と、欧米列強の接近とが同時に起こっている情勢を「内憂外患」と表現し、それを危惧したわけである。

1 「内憂外患」の自覚

徳川斉昭は、

仁政を施すべき幕藩領主が、奢侈《しゃし》に浸り武芸をおろそかにし、天保飢饉のさなか、百姓が餓死するのを「見殺し」にしている、いっぽう、欧米列強が「武備」の衰えた日本をねらっている。

と語った(「戊戌封事」)。天保期、このような危機意識をもったのは斉昭一人ではなかった。「偃武」環境維持の責務を負った幕藩領主が、その不全を自覚しはじめたのである。

天保期、「内憂外患」状況に危機感をもった幕藩領主たちは政治改革を実行した。幕府・長州藩・水戸藩を事例として、その様相を確認しておきたい。

幕府　水野忠邦の失敗

天保一二年(一八四一)閏正月、将軍職を家慶《いえよし》に譲り大御所となったのちも、権力を握り続けた徳川家斉《とくがわいえなり》が死んだ。同年三月、老中首座水野忠邦《みずのただくに》は、家斉のもとで権勢をふるい政治紊乱《びんらん》を招いた御側御用取次《おそばごようとりつぎ》水野忠篤《みずのただあつ》ら「三佞人《ねいじん》」を罷免、五月には政治改革をはじめた。この幕府の天保改革では、物価統制・風俗統制や海防などが有名であるが、ここでは、幕府権威高揚策の一つとして実行された日光社参《にっこうしゃさん》に触れておきたい。

日光東照宮には徳川家康が大権現《だいごんげん》として祀《まつ》られており、歴代将軍が大名を引き連れ参拝した。それは、江戸から日光まで数日かけて通行するものであり、将軍権威を民衆に実感させる絶大な効果があった。日光社参は江戸時代を通じて一九回実施されたが、そのうちの一六回は四代家綱《いえつな》までに集中し、八代吉宗《よしむね》・一〇代家治《いえはる》はともに一回であった。一二代家慶の時代に水野忠邦は、幕府財政難のため途絶えていた日光社参を復活させた。

椿田有希子さんは、この天保一四年の日光社参を、支配者と被支配者の間で創成された、見せる、見られる、といった政治文化として理解し、それを将軍によるページェント（荘厳な政治ショー）と位置づけた。そして、天保の日光社参とは、家慶を「明君《めいくん》」へと仕立て上げ、公儀への信頼を取り戻す戦略であった、と論じた（『近世近代移行期の政治文化』）。鋭い指摘である。なるほど、ごく短期的には幕府の見通しは達成できたといえる。しかし、海防のため、江戸・大坂一〇里四方の領地を返上させ幕府領に替える、という上知令《あげちれい》は旗本・大名たちの反対から実行できず、株仲間解散令は経済混乱をまねいてしまうなど、天保改革は失敗に終わっている。そして、日光社参はこれが最後となる。荘厳な政治ショーなどでは、幕府の権威と権力を支えきれない時代が始まったのである。

長州藩 村田清風の改革

天保二年（一八三一）、経済格差の拡大と、藩専売制への不満を背景に、長門《ながと》・周防《すおう》両国に広がる防長大一揆《ぼうちょうだいいっき》が起こった。さらに、天保八年には、飢饉を原因として領内各地で一揆が発生した。このような危機的状況の中、天保一一年（一八四〇）から弘化元年（一八四四）まで、村田清風《むらたせいふう》主導による藩政改革が実行された。この長州藩の天保改革は、藩権威高揚、財政立て直し、農業・商業政策、文化宗教統制、兵制改革など多岐に及んだ。

天保一二年、幕府の長崎会所調役頭取《ながさきかいしょしらべやくとうどり》の高島秋帆《たかしましゅうはん》が武蔵徳丸《とくまる》ケ原《はら》（現板橋区）において洋式砲術・洋式銃陣による公開演習を行った。清風は長州藩士にこの演習を見学させ、さらに藩士を長崎に派遣し、高島流砲術(洋式砲術)を学ばせ、天保一三年には洋式銃陣を採用する兵制改革を実行した。また、彼は全藩規模の一大軍事演習を実施し、日本海沿岸一七カ所に台場《だいば》を築く海防計画を立てた。

さらに、清風は在地社会の動向にも注意を向け、防長大一揆が「皮騒動《かわそうどう》」という民衆の土俗的信仰・迷信をきっかけにはじまった、という事実を重視し、宗教統制を実行した。在地社会には権力が公認していない民俗的信仰が多く存在し、それが潜在的な社会的ネットワークを形成していたのである。藩内には小祠・小庵が多く存在していたが、藩はそれらを「淫祠《いんし》」と見なし否定的にとらえていた。三宅紹宣さんは、清風によるこのような「淫祠」再編整理政策を、民衆の宗教活動を統制し支配体制強化を意図したものであった、と分析した(『幕末・維新期長州藩の政治構造』)。

水戸藩　徳川斉昭による未完の改革

水戸藩の天保改革は、藩主徳川斉昭のもと、藤田東湖《ふじたとうこ》・会沢正志斎《あいざわせいしさい》・武田耕雲斎《たけだこううんさい》らにより、文政一二年(一八二九)から弘化元年(一八四四)まで実行された。改革の内容は、徹底した質素倹約による財政再建、飢饉対策・本百姓没落抑制、洋式兵学導入による兵制改革、郷校《ごうこう》設置による庶民教育、と要約することができる。

時代は少々遡る文政七年、イギリス捕鯨船員が水戸藩領常陸大津浜《おおつはま》に上陸した。これに対応した会沢正志斎は対外危機意識を鮮明にし、翌年、「新論《しんろん》」を執筆した。彼はこの中で、富国強兵という概念も提起していた。ここで、富国強兵について簡単に触れておきたい。この語彙は、古代中国(春秋戦国時代)に使われ始めたものであるが、儒教とくに朱子学《しゅしがく》が社会思想として定着した一四世紀以降の中国・朝鮮において、為政者や知識人はこの語彙を使うことはなかった。民富を国家が奪い、それを軍事費に用いるなどということは、徳を体現する天子がおこなうことではない、とされたからである。江戸時代においても、富国強兵という語彙は太宰《だざい》春台《しゅんだい》が先駆的に使用したことはあったが、社会に定着するものではなかった(「江戸時代の政治思想・文化の特質」)。明和から天明期(一八世紀後半)、「富国安民《ふこくあんみん》」という概念による改革政治が、藩主上杉鷹山《うえすぎようざん》の指導による米沢藩《よねざわはん》によって行われていたが、強兵(軍事)はテーマになっていない。なお、「富国安民」思想と米沢藩の動向に関しては、小関悠一郎さんの研究がもっとも具体的であり詳しい(『上杉鷹山』)。

つまり、正志斎は東アジアの儒教文明圏では異質であった富国強兵を具体的政策提言として掲げたのである。そして、この言葉は、国体・尊王攘夷論とともに、欧米列強に対峙する概念として幕末社会に広がっていった。「新論」は、精兵養成・軍事技術重視・大艦建造と海軍創出といった具体的な政治的提案であり、天保改革の方針となっていった。

しかし、斉昭による急激な改革政治は藩内に反対勢力と混乱を生み出した。弘化元年、幕府の介入によって、斉昭は引退・謹慎処分とされ、水戸藩の天保改革は完成することなく終わった。

アヘン戦争の衝撃

幕府・長州藩・水戸藩の天保改革を簡単に紹介した。個別の政策はそれぞれ特色をもつが、大枠では「内憂外患」への対応であった点が共通している。直截的な取り組みとして、兵制改革・海防による武威の維持が図られ、権威高揚策と風俗・思想・宗教統制が企図された。幕藩領主の多くは体制維持に専念しはじめる。

そんな最中、アヘン戦争が勃発（一八四〇年）、南京条約締結の結果、香港はイギリスに割譲され、以後、大量のアヘンが貿易品として中国に流れ込んでゆく。清の敗北は、オランダ商人・清の商人経由によって日本に伝わった。衝撃であった。天保一四年（一八四三）に儒者斎藤《さいとう》竹堂《ちくどう》が著した「鴉片始末《あへんしまつ》」や、水野忠邦のブレーンの一人であった塩谷宕陰《しおのやとういん》の「阿芙蓉彙聞《あふよういぶん》」（弘化四年〈一八四七〉）などには戦闘の様子が描かれている。これらを通じて、幕藩領主・知識人は欧米列強の軍事力の脅威を知ることとなる。

海防意識の変化

イギリスが戦艦を日本に派遣する、という風説はアヘン戦争以前からあった。天保改革中の水野忠邦は、西洋砲術を奨励するなどの藩政改革を実行していた信州松代《しんしゅうまつしろ》藩主《はんしゅ》の真田幸貫《さなだゆきつら》を老中に登用した。幸貫は家臣の佐久間象山《さくましょうざん》を顧問役に抜擢、海外事情の研究を命じた。

アヘン戦争が勃発すると、象山はいち早くそれに関する情報を集め分析、天保一三年(一八四二)には、「海防八策」と呼ばれる「上書」を作成し、

オランダ人に命じて二〇艘ほどの戦艦を造らせ、それを買い取り、幕府御家人の中から選抜して水軍を創設すればよい。

と提言した。この時、象山は三二歳であった。この人物は、当時から胡散臭く思われていた――現在も研究者のなかで彼の評価は分かれている――。しかし、「海防八策」を見る限り、彼の対外危機意識は明確であり、「水軍」=海軍創設を提言している点など、その見通しは優れていたといえる。

アヘン戦争は欧米列強の軍事力の強大さを見せつけた。幕府はそれまでの異国船打ち払い令を廃し、天保の薪水給与令《しんすいきゅうよれい》を発令、対外危機意識を鮮明にする知識人は政治的発言や具体的な海防策を唱え始めた。従来の砲台設置という港湾防禦《こうわんぼうぎょ》から、海軍創設による沿岸防衛へと海防意識が変化してゆく。日本の為政者・知識人はアヘン戦争から多くを学んだ。まさに殷鑑《いんかん》不遠《ふえん》として。

2 在地社会の動揺

時代は遡る宝暦から天明期(一八世紀後半)、江戸での消費拡大を背景に、関東では生糸・絹織物などの特産物生産地帯が形成され、その生産・販売に関与する豪農に富が集中した。さらに、江戸と直結する中山道《なかせんどう》などの街道の宿場や、利根川など大規模河川の河岸には、周辺村々から労働力が集まるいっぽう、そのような江戸地廻《えどじまわ》り経済圏《けいざいけん》に含まれない地域では、人びとが流出し農業労働力が激減、常陸や下野の一部では農村荒廃が進んだ。

そして、文政期(一九世紀前半)、幕府による悪鋳《あくちゅう》の結果としての貨幣量増加により、江戸地廻り経済圏に含まれた村々には小判までも流れ込むようになった。それを狙った強請《ゆすり》・たかりの浪人、賭場《とば》をひらく博徒《ばくと》、そこにあつまる無宿《むしゅく》や渡世人《とせいにん》などが横行し、新たな社会不安が醸成されていった。

関東取締出役の設置と限界

『旧事諮問録《きゅうじしもんろく》』という史料がある。明治二〇年代、旧幕臣たちから幕府諸制度の様相を聞き出してまとめたもので、その「第七回　地方の警察・民政等、八州取締、代官手代の事」によれば、当時の幕府代官山口鉄五郎《やまぐちてつごろう》と評定所組頭羽田藤左衛門が、関東地域の治安維持のため、新たな役職の設置を検討していた、とある。このプランは、文化二年(一八〇五)に入り、関東取締出役《かんとうとりしまりしゅつやく》設置として実現する。関東を統轄する代官配下の手附《てつけ》・手代《てだい》らが、関東取締出役に就任した。手附とは小普請組《こぶしんぐみ》から採用された者で、手代は地方を熟知した百姓や町人からの現地採用であった。両者ともに下級の幕臣となった。

関東取締出役は勘定奉行《かんじょうぶぎょう》直属とされ、設立当初の定員は八人、二人一組となり、水戸藩領と川越藩領をのぞく関東地域を幕領・私領の区別なく廻村し、百姓教諭《ひゃくしょうきょうゆ》・風俗統制を行い、無宿や博徒を取り締まった。「八州廻り《はっしゅうまわり》」と呼称された彼らには、個別支配領域を越えて行使できる強大な警察権と司法権が付与された。

しかし、関東取締出役はたった八人であり、この人数で広大な関東地域の治安を維持できるはずはなかった。また、在地社会はかならずしも、関東取締出役を歓迎しなかった。治安を乱す無宿や博徒らを捕縛した場合、取り調べは捕縛地最寄りの宿場で行われ、それに関わる費用はすべて現地負担とされたのである。在地社会にとって無宿や博徒の存在や軽微な犯罪などは、隠したほうが得策といえた。

文政改革 在地社会への介入

関東取締出役を設置するだけでは関東地域の治安回復は不可能であった。そこで文政九年(一八二六)九月、幕府は鉄砲・鎗・長脇差《ながわきざ》しを持ち歩く者を重科に処するという触=「長脇差し禁令」を出し、文政一〇年二月には文政改革(正式名称「御取締筋御改革」)を開始した。その内容は「長脇差し禁令」を再確認し、在村歌舞伎・相撲興行禁止、農間渡世《のうかんとせい》制限、若者組《わかものぐみ》規制といった多岐にわたるものであった。

そして、幕府は地理的に近い村々約五カ村を小組合としてまとめ、それらを八から一〇ほど集め改革組合村に編成する計画を立てた。既存の支配領域を超えて、近隣の四〇から五〇カ村が、一つの改革組合村にまとめられた、というわけである。在地社会の拠点である宿・町の名主を寄場名主《よせばなぬし》として改革組合村全体を統轄させ、その補佐に数名の大惣代を任命し、その下に小組合を管理する小惣代を設置することとした。それは、関東地域の治安対策のために、関東取締出役―寄場名主・大惣代―小惣代―各村名主という情報伝達・問題調整のラインを創出する、というものであった。ただし、その実現には時間がかかり、天保期に入りようやく改革組合村編成は終了する。

若者たちの自己主張

文政改革は無宿や博徒を牽制・捕縛する、といった治安維持の側面をもつが、より根本は百姓教諭や風俗統制にあった。先に見た文政九年の「長脇差し禁令」の本旨は、長脇差しや鎗・鉄砲で武装した無宿たちの狼藉行為を百姓や町人がまね、「同様之所業」におよぶ事態を防ぐことにあった。無宿と博徒を弾圧するよりも、教諭により良民の悪化を食い止めることに主眼が置かれていたのである。いわば予防としての風俗統制である。

さらに、若者組や在方歌舞伎・相撲興行などが禁止の対象とされたことも示唆的である。幕藩領主にとって百姓とは年貢負担者でしかなく、律儀な良民こそがふさわしかったのである。百姓の必要以上の消費活動や遊興・奢侈などは怠惰と悪行を招く、というのが幕藩領主の認識であった。

しかしいっぽう、日々の重労働のもとにある百姓には、在地社会で開催される春夏の祭りが最大の楽しみであり、若者たちにとってそこは自己主張の場となっていた。文化・文政期頃から、若者たちが祭りを仕切るようになり、歌舞伎や相撲が興行されるようになった。江戸から役者や力士を招聘することもあれば、自分たちが演じることもあった。江戸まで出て衣装を購入したり、稽古も必要であった。いずれにしても多額の費用が必要であり、当然のように、若者たちは興行の成果を競うようになっていった。村を単位とした既存の社会的ネットワークを、若者たちが変容させていったといえる。

また、地元の顔役となった博徒の親分が、役者・力士の手配から舞台の設定といった芸能興行の調整を仕切るようになった。たとえば、下総《しもうさ》の博徒の親分、飯岡助五郎《いいおかすけごろう》や笹川繁蔵《ささがわしげぞう》は相撲興行を行っていた。遊興の場においても、博徒たちと在地社会とが繫がってゆく。いわば、博徒ネットワークとも呼べるものが形成されていった。

なお、在地社会は改革組合村体制を徐々に取り込み、それを通じて、ペリー来航・桜田門外の変・天狗党《てんぐとう》の乱といった政治事件などの情報を入手していった。さらに重要なことは、幕藩領主が掌握できない在地社会独自のネットワークも形成されていった点である。

関東取締出役
広がる不正

幕臣身分としては下級であるにもかかわらず、強大な権限が付与された関東取締出役は、地方廻村に際して、公儀権力を嵩《かさ》に賄賂や接待を強制することが多く、在地有力者との間に私慾による癒着も発生した。関東取締出役の設置から約三〇年経過した天保七年(一八三六)頃から、幕府は不正摘発の内偵を始めていた。そのような中で発生したのが「合戦場宿一件《かっせんばしゅくいっけん》」である。

関東取締出役の「手先《てさき》」をつとめていた下野合戦場宿(現栃木市)の太六が、火附盗賊改与力《ひっけとうぞくあらためよりき》の高梨四郎兵衛に賄賂を贈り、高梨が捕縛した盗賊を貰い受ける、という不正事件が発覚した――火附盗賊改の与力や同心が盗賊・放火犯捕縛のため関東を廻村することもあった――。天保一〇年二月、太六は捕縛される。

関東取締出役を統轄する勘定奉行と代官は、この事件を大きく取り上げた。当時の勘定奉行は遠山景元《とおやまかげもと》、代官は羽倉外記《はぐらげき》であった。両者ともに能吏で聞こえた人物である。この「合戦場宿一件」をきっかけに、関東取締出役をめぐるさまざまな不正・汚職が明らかにされてゆく。高梨ら火附盗賊改与力も吟味を受け処罰されたが、追及の矛先は関東取締出役の不正一斉摘発に向かったのである。ちなみに、火附盗賊改は若年寄支配であり、勘定奉行・代官のラインではなかった。

調査の結果、関東取締出役六人が罷免され、在地関係者も処罰された。露呈した関東取締出役の不正は、金品授受、芝居興行黙認などの便宜供与であった。「合戦場宿一件」は遠山と羽倉のリードにより、関東取締出役粛正、在地社会引き締め、という政治的意図に利用されていったのである。

幕府の天保改革が始まるのは天保一二年であるが、天保一〇年の段階でも、水野忠邦は幕臣への倹約令や江戸居住民に対する奢侈制限令などを発令していた。「合戦場宿一件」もこれらと同様に、改革政治のはじまりとして位置づけられよう。この事件は、忠邦が組織の綱紀粛正《こうきしゅくせい》と在地社会の風俗統制・百姓教諭をいかに重視しているか、という意志の表明であった。しかし、仁政の揺らぐ中で、教諭に依拠する民政・統治の方針は説得力を限りなく低下させていった。

不正の温床「道案内」

関東取締出役には現地採用の手代が就任したとはいえ、彼らは出身地以外の事情に疎いため、出役は、宿場などそれぞれの地域拠点の有力者を「手先」「道案《みちあん》内《ない》」として現地雇用した。もちろん彼らの身分は百姓である。「合戦場宿一件」で処罰された太六も「手先」であった。「八州廻り方へ御取締向ケ條被仰渡書」という史料に「無宿や悪党どもを手先に用いなければ、博徒らの詮議はうまくいかない」とあるように、関東取締出役が「手先」「道案内」に期待したことは、現地の情報とくに博徒集団の動向に精通していることであった。ゆえに、「手先」「道案内」に無宿や博徒を就任させることが多々あった。たとえば、国定忠治《くにさだちゅうじ》(または子分)に殺害された島村伊三郎《しまむらいさぶろう》や三室勘助《みむろかんすけ》、さらに飯岡助五郎も「道案内」であった。

「手先」「道案内」に就任することの博徒側のメリットは、関東取締出役の動向を事前に察知できる点と、公権力の末端であることを利用してライバルを駆逐する点にある。おもしろい例を紹介しよう。例幣使街道木崎宿《れいへいしかいどうきざきしゅく》(現太田市)の博徒左三郎は、「道案内」になることを企図、なんと関東取締出役吉田佐五郎の息子を養子に迎えたのである。そして「道案内」に就任したのち、急速に博徒としての勢力を拡大している。息子を博徒の養子に出す吉田の了簡もすさまじい。これなどは、関東取締出役と地元「道案内」との癒着の露骨さをわかりやすく示している。関東取締出役は敬遠され、私欲に走る「道案内」は「二足のわらじ」として毛嫌いされた。

若者の勢い　「合戦場宿一件」の翌天保一一年(一八四〇)、幕府は関東の在地社会に対し、不正の再発を防ぐための注意事項を詳細に語り、さらに「若輩之もの共」の遊芸稽古や、在方歌舞伎・相撲などの興行を禁止した(「関東筋御改革再取締りにつき請書ならびに教諭書」)。ただし、これは文政改革の繰り返しでしかなかった。約一〇年経過しているが、この間、幕府の教諭政策が形骸化していたことの証左といえる。

天保七年、幕府領の伊豆国下田町(現下田市)では、六月の祭りにおける歌舞伎興行をめぐって、主催者の若者たちと下田町年寄や名主との間でトラブルが発生した。下田町行政を担当する年寄たちは、天保飢饉の最中での米価高値と不漁を理由に祭り中止を迫った。窮迫した状況であるにもかかわらず、若者たちは祭りでの歌舞伎興行を実行しようとしていたのである。なお、この年の七月には下田町で大規模な打ちこわしが発生するが、その中核となったのも若者であった。

天保期、繁華となった宿場・河岸に限らず、在地社会全体に遊興の意識が拡大していたのである。幕藩領主や村役人がそれを規制しようとも、その勢い、さらにその担い手となった若者たちの力をそぐことはできなかった。

3 無宿・博徒の世界

序章で触れたように、享保期(一八世紀前半)以降、新田開発は限界をむかえ、百姓株も固定され、二・三男が分家独立する可能性は低くなった。いっぽう、長男として家を相続できたとしても、百姓仕事は難儀であり、年貢は相変わらず重かった。文政期頃(一九世紀前半)から、百姓として生きてゆくことを嫌う風潮が広がり、若者が村から逃げ出し、宿場や河岸に滞留する現象が起こる。このように、村から離脱することは「不斗出《ふとで》」と呼称された。

無宿となる若者

幕藩領主は農業を忌避する「不斗出」を問題とし、村役人に命じて、その者を連れ戻すことを督励した。しかし、そんなことは不可能であった。「不斗出」者が罪を犯し捕縛された場合、入牢その他の莫大な費用は居村の負担となる。村にとって

「不斗出」は迷惑でしかなかった。ゆえに、村は「不斗出」者を宗門人別帳《しゅうもんにんべつちょう》の記載から除去し関係を断った。人別帳から外された者は無宿として生きてゆくこととなる。

無宿の多くは若者であった。天保という時代、百姓として生まれた男たちには将来の〝夢〟などというものはなかった、としか思えない。また、百姓として生まれた女たちは、一〇代で経済的に安定している他家へ嫁ぐことが理想とされたが、奉公人として城下町や宿へ出て行くことも多々あった。そこでも、よりよい嫁ぎ先を見つけることが生きる目的とされていた。女性の場合、家という存在がついて回ったのである。もっとも、このルートから外れ、最悪の場合、宿場女郎《しゅくばじょろう》に転落することもあった。

関東地域の宿場や河岸の有力者は、無宿を人足として雇傭することを企図、人足の口入れを生業とする集団を形成してゆく。また、口入れ業者は「御法度」の賭場を開くことで、人足たちに支払った賃金を効率よく回収していった。

博徒一家の形成

口入れ業者は、賭博などの営業範囲を縄張りとし、それを保全するために長脇差しで武装し、親子関係を模した集団を形成した。博徒集団の成り立ちはさまざまであり、また史料的限界もあって類型化することはできないが、おそらく、このような様態ではなかったかと考えられている。上州《じょうしゅう》の国定忠治や、下総の飯岡助五郎・笹川繁蔵がその典型といえる。以下、この三人を紹介したい。

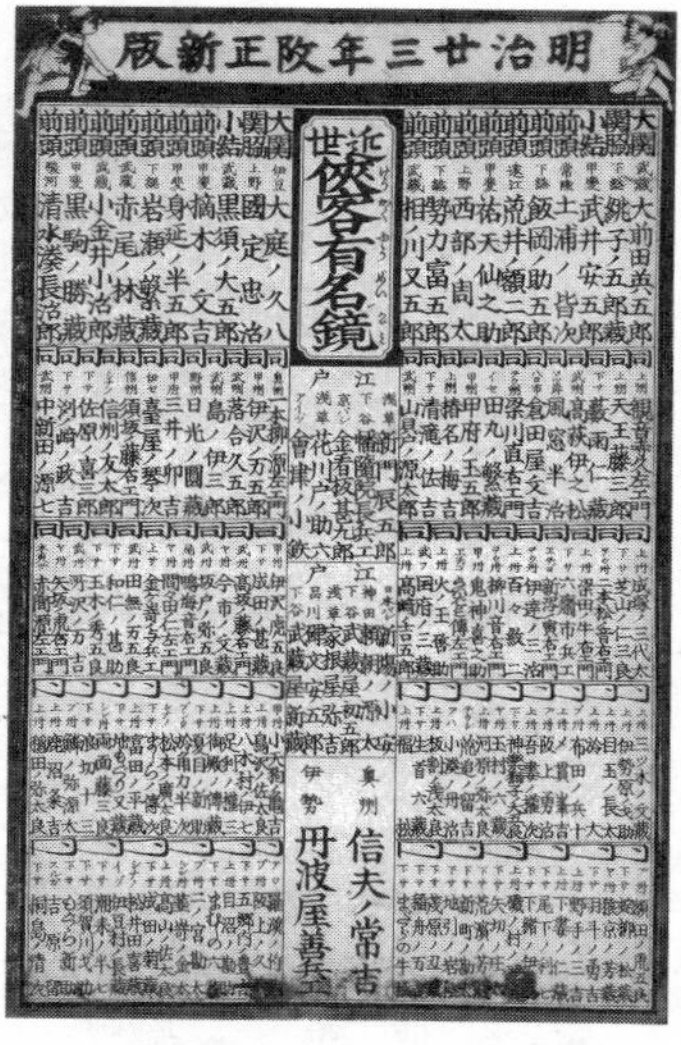

1-1　「近世侠客有名鏡」(国立歴史民俗博物館).

まず、講談「天保水滸伝《てんぽうすいこでん》」の登場人物である飯岡助五郎と笹川繁蔵に触れたい。明治二三年(一八九〇)に出た「近世侠客有名鏡《きんせいきょうかくゆうめいかがみ》」(以下、「侠客鏡」)という史料で、助五郎は「前頭」と紹介されている。

「天保水滸伝」の舞台となり、助五郎や繁蔵が生きた房総(現千葉県)は、九十九里《くじゅうくり》漁業地域と、内陸部畑作地域とに大きく分けられる。九十九里では、捕れた大量の鰯を干鰯《ほしか》に加工し、内陸部では大豆から醤油を製造していた。

文化・文政期には干鰯と醤油が特産物となり、利根川を通じた江戸地廻り経済圏に含まれたこの地域には多くの現金が流入していった。そして、佐原《さわら》(現佐原市)と笹川《ささがわ》(現東庄町)は利根川舟運の河岸として栄えた。また、この地域は、一村を複数の旗本が知行するという相給地《あいきゅうち》が多く、統一的支配が行われず、追放刑をうけた者や無宿、よそ者の滞留が可能であった。

飯岡助五郎　漁師から博徒へ

寛政四年(一七九二)、飯岡助五郎は三浦半島に位置する相州三浦郡公郷村《くごうむら》山崎(現横須賀市)で生まれた。江戸相撲の友綱良助《ともづなりょうすけ》に入門、力士となる希望をもったが夢破れ、文政期に九十九里地域に流れ、下総海上郡《かいじょうぐん》飯岡村(現旭市)に住み着いた。体格・体力に恵まれた彼は、漁師を生業としつつ、リーダーとして頭角を現す。天保元年(一八三〇)、飯岡沖で海難事故が発生、多くの犠牲者が出た。助五郎は地元復興のため、出身の相州から漁師を呼び寄せ、天保一三年頃には網元《あみもと》として確固たる地盤を固める。その後、銚子五郎蔵《ちょうしごろぞう》の子分となり、飯岡を拠点として独立した一家を構え、相撲興行の世話人となり江戸相撲の地方巡業の手配なども行っている。

助五郎が拠点としていた飯岡地域の海岸は波浪による浸食が激しく、飯岡港には波で削られた土砂が流れ込み、機能不全に陥ろうとしていた。飯岡村は下級幕臣と旗本との相給支配であり、彼らは対策をとっていなかった。統一的支配が行われない弊害が露呈したわけである。これに対して、助五郎は私財を出し飯岡港浚渫《しゅんせつ》を行っている。現在でも地元では、義侠を貫いた親分として、助五郎への評価は高い。

笹川繁蔵と勢力富五郎　武装する博徒

同じ頃、飯岡村から北へ二〇キロメートルほど離れた笹川河岸を拠点として、笹川繁蔵が一家を構えていた。三〇歳の繁蔵は、助五郎より一八歳年下であり、彼も相撲取り崩れであった。助五郎と繁蔵は、縄張りと

1–2　笹川繁蔵らの碑(延命寺). 中央が繁蔵(サイコロのピンの目もある), 向かって右は平手造酒, 左は勢力富五郎の碑.

相撲興行をめぐって対立、助五郎が関東取締出役の「道案内」に就任したことにより、対立は決定的となる。

天保一五年(一八四四)、関東取締出役は「道案内」の助五郎に繁蔵一家の捕縛を命令、これを契機に両一家の出入りが始まる。そして、「大利根河原の決闘」が起こり、弘化四年(一八四七)に助五郎の子分らが繁蔵を暗殺する。その後、親分の仇として助五郎を狙う勢力富五郎《せいりきとみごろう》は、関東取締出役に公然と敵対、嘉永二年(一八四九)、鉄砲などで武装し、地元の金比羅山《こんぴらさん》に立てこもる。彼は、関東取締出役の手勢に包囲されるなかで自害している。

繁蔵と助五郎が拠点としていた地域には、現在もこの二人の墓が残っている。わたしは、何度もこの地を訪問したが、二人の墓はいつも綺麗であった。いまでもこの二人は地元で愛されているのであろう。余談である。

国定忠治　武闘派博徒の典型

わたしは群馬県高崎市、つまり上州で生まれ育った。一九六〇年代でも、年寄りたちの口からは「忠治親分」という言葉が出ていた。一九七〇年代初期、笹沢左保《ささざわさほ》原作、中村敦夫《なかむらあつお》主演の「木枯《こがら》し紋次郎《もんじろう》」がテレビ放映され、中学のクラスで話題となった。高度経済成長期でも、からっ風吹く上州では無宿や侠客は人気者であった。なお、忠治は「侠客鏡」で「関脇」とされている。

文化七年(一八一〇)、国定忠治は上州佐位郡《さいぐん》国定村(現伊勢崎市)の豪農長岡家の長男として生まれた。博徒忠治が活動の拠点とした赤城山南麓の扇状地は養蚕地帯であり、東西には例幣使街道と利根川が走り、彼の縄張りには木崎宿《きざきしゅく》と平塚河岸《ひらつかがし》がある。この地域は江戸地廻り経済圏に包摂され、富が集まっていた。

忠治は一七歳の時に殺人を犯し出奔、無宿となり大前田英五郎《おおまえだえいごろう》の庇護に入り博徒として活動し始める。博徒ネットワークの中で、彼は武闘派として頭角を現し、敵対する勢力を暴力で駆逐していった。天保五年(一八三四)、忠治は縄張りをめぐる対立から、島村伊三郎を殺害、信州に逃亡する。ほとぼりがさめ帰郷した天保六年から一三年頃、二〇代後半が忠治の全盛期であった。子分は六〇〇人にのぼった。忠治一家の縄張りにおいては、浪人らの強請・たかり、盗賊の横行などはおこなわれず、一定の治安は保全されていた。

一家の壊滅と忠治の捕縛

忠治はしかし、暴力に頼りすぎた。天保一三年(一八四二)、彼は「道案内」三室勘助を子分に殺害させる。関東取締出役中山誠一郎《なかやませいいちろう》による厳重警戒が敷かれる中、彼は東北に逃亡、その間に、忠治一家は壊滅に追い込まれる。

弘化三年(一八四六)、忠治は再び上州に帰還するが、脳卒中による後遺症に苦しむ中、嘉永三年(一八五〇)八月、中山の指揮によって捕縛される。忠治は例幣使街道の玉村宿《たまむらしゅく》(現佐波郡玉村町)預けとなった。玉村宿の大惣代渡辺三右衛門《わたなべさんえもん》は中山から、警備を厳重にするよう命じられた。困惑した様子が彼の残した「御用私用諸日記」(通称「三右衛門日記」)からうかがえる。

その後、忠治は江戸の伝馬町《てんまちょう》牢屋敷に送られ刑が確定、再び中山道で上州を通過し、かつて関所破りを行った大戸《おおど》の関所(現吾妻郡東吾妻町)で磔《はりつけ》となった。上州通過の際には、中山誠一郎ら関東取締出役と「道案内」、高崎藩から人足などが出動し、総勢二〇〇人を超えるものものしい警備体制となった。忠治を乗せた唐丸籠《とうまるかご》には緋毛氈《ひもうせん》の蒲団が敷かれ、彼の衣装は白の綸子《りんず》であったとされる。

伝説となる国定忠治

処刑の場での忠治について、「三右衛門日記」には、顔が赤くなり逆上していると思われてしまうので、酒は飲まずに食事だけをした、とあるが、羽倉外記の「赤城録《あかぎろく》」には銘酒を一椀飲み干し刑に臨んだ、と記してある。玉村宿の大惣代や、能吏であり、かつ一流の文化人であった幕府代官までもが彼の最期に注目していたのである。こうして、四一歳で死んだ武闘派忠治の伝説が生まれてゆく。

上州地域には、天保飢饉の最中に忠治親分が私財をなげうち貧民救済を行った、という伝承が残っている。「三右衛門日記」にも、「飢饉年」に忠治が窮民に米を施行した、と記されている。当時、支配領域が錯綜する東上州地域において、旗本など幕藩領主が飢饉対策を実行したという史料は管見の限り確認できない。重要なことは、幕藩領主よりも博徒の親分のほうが頼りになる、という物語が創られた事実である。人びとにとって、幕藩領主は仁政の体現者ではなくなっていた。

経済流通の展開を背景に、口入れ業者や、暴力に卓越した無宿者が親分となり、一家を成した。博徒一家は幕藩領主を脅かし、それを相対化する存在となり、在地社会内部で一定の評価を得ていた。

関東地域の支配の特質

ところで、国定忠治と笹川繁蔵は、偶然にも同じ文化七年(一八一〇)に生まれ、繁蔵は弘化四年(一八四七)に殺害され、忠治はその三年後の嘉永三年(一八五〇)に処刑された。同時代、同じ関東地域にこのような武闘派の親分が登場したことには意味がある。まず、構造的問題つまり、この地域の支配の特質を江戸時代初期まで遡り簡単に紹介したい。

徳川家康は、江戸防衛という軍事的観点から、江戸の周囲に大藩を設置しなかった。その結果、関東地域には中小の譜代藩領と旗本・寺社領が錯綜することになった。警察・軍事はそれぞれ細分化された支配領域で完結していたため、関東地域での犯罪取り締まりは緩くなってしまった。

畿内・近国地域にも大藩は存在しないが、幕府は豊臣家の拠点であったこの地域の支配を慎重におこなった。大坂を幕府の軍事拠点に変え、岸和田藩・高槻藩・尼崎藩といった譜代大名、さらに京都所司代や大坂奉行・郡代らが連携しつつ地域支配を行うシステムを構築したのである。ゆえに、天保期以降でも、畿内・近国地域では博徒らの跳梁跋扈という事態は起こっていない。

「気嵩」の「人気」の関東

次に、面白い視点から天保期の関東地域の特質に迫ってみたい。在地社会に生きた人びとの気質＝「人気《じんき》」の問題である。関東では、江戸時代を通じて在村剣術《ざいそんけんじゅつ》が盛んであった。たとえば上州には、樋口家を当主とする馬庭念流《まにわねんりゅう》があった。樋口家は天正期(一六世紀後半)から念流正統を継承、上州馬庭(現高崎市)に土着し、百姓身分として剣術道場を構え、江戸時代を通じて一大流派を作り上げた。若き日の千葉周作《ちばしゅうさく》は上州地域で門人を集めることを企図、文政五年(一八二二)、売名のために伊香保神社《いかほじんじゃ》に北辰《ほくしん》一刀流《いっとうりゅう》の奉納額を掲げることを計画したが、馬庭念流一門はそれを阻止、地元の博徒らも念流支援のため集まっていた。また、武州多摩地区では、寛政年間(一八世紀末)、天然理心流《てんねんりしんりゅう》がおこり同地域で門人を集めていった。天然理心流に関しては第三章で触れたい。

このような在村剣術の隆盛に対し、幕府は文化元年(一八〇四)に、江戸と関八州を対象に百姓町人の武芸習得禁止を命じた(「風俗之部　文化元年九月」)。しかし、天保期以降、在村剣術はいっそう盛んになってゆく。杉仁さんは、何者にも負けまいとする昂然たる気概や、秩序から逸脱する精神状態がこのような剣術隆盛を支えていた、としてそれを「気嵩《きがさ》」と表現し、この「気嵩」こそ関東地域の「人気」の特徴である、とした(『近世の地域と在村文化』)。

博徒が武闘派としてのし上がる条件として、剣術修行は必須の要件とはいえない。先述した飯岡助五郎・笹川繁蔵の拠点である房総では、剣術よりも相撲が盛んであった――笹川地域では、現在でも「大相撲出羽海部屋笹川夏合宿」や「笹川の相撲まつり」が行われている――。「気嵩」という精神風土こそが、大規模博徒集団の跳梁跋扈を可能にしていた、といえよう。

「俠客鏡」には、関東地域の博徒・俠客として下総三七名、上野三一名、武蔵二〇名もの名前があがっている。いずれも名の知れた親分たちである。忠治が処刑された嘉永三年に作成された「御取締御出役渡辺園十郎様より被仰付候取調書」には、忠治の拠点から六キロほど北に離れた銅街道《あかがねかいどう》の桐生宿《きりゅうしゅく》(現桐生市)周辺だけで、五二名もの博徒が書き上げられている。天保期、関東地域は無宿や博徒の本場であった。

幕藩領主を相対化する博徒たち

藪田貫さんや谷山正道さんによって、畿内では、郡中惣代《ぐんちゅうそうだい》・庄屋や豪農層の地域運営能力が高く、百姓たちも訴願・国訴《こくそ》等を通じて、政策提言までも行う力量をもっていたことが解明されている。一九世紀の畿内は、江戸時代型民間社会の到達点を示すものであったといえよう。訴願が効果的であったということは、幕藩領主への一定の信頼・恩頼といったものが機能していたわけである。

いっぽう、「気嵩」を特徴とする関東地域において、幕藩領主の存在は相対化されてゆく。忠治が天保一三年に、関東取締出役の「道案内」三室勘助を子分に殺害させたことはすでに触れた。「道案内」殺害は、関東取締出役＝「御公儀」への挑戦である。勢力富五郎は、親分の殺害に関与した「道案内」飯岡助五郎を仇として狙っていた。さらに、富五郎は武装して公然と関東取締出役に敵対したのである。

次に、同時期に国定忠治と勢力富五郎とが関東取締出役の包囲網にかかったことを考えたい。この頃、先述したように、水野忠邦が将軍家慶の日光社参を計画していた。将軍が通行する関東地域の治安が悪化していることを看過できないとみた忠邦は、無宿や博徒捕縛の命令を出した。忠治捕縛の背景には、天保改革という幕府の政治動向が関係していたのである。

また、幕府は下総小金原《こがねはら》(現松戸市)において、将軍家慶の「御鹿狩《おしかがり》」を計画していた。これは将軍権威高揚を図るための軍事演習の意味があった。その厳粛な場の治安が悪化していることを幕府は問題視した。幕府は治安対策や在地社会の安寧よりも、権威維持という側面から忠治や富五郎の殲滅に乗り出したのである。

上州の女「五目牛のおとく」

わたしの手元に一枚の写真(絵画)がある。絵師歌川芳輝《うたがわよしてる》が描いた女性の還暦《かんれき》寿像《じゅぞう》である。細身の女性は前かがみになり書見をしている。ゆったりと正座した右膝横には和書が積み重ねてある。そして、彼女のうしろの壁には一輪挿しが描かれ、凛とした印象を与えている。この絵に描かれた女性は、国定忠治の妾として有名であった一倉徳子《いちくらとくこ》である。彼女は嫁いだ相手菊池《きくち》千代松《ちよまつ》(忠治の子分)の姓をとって「菊池徳」と紹介されることもあるが、江戸時代の女性は嫁ぎ先の姓を名乗ることは通常ありえなかったので、本書では一倉徳子としたい。忠治は三人の女性を妻としていた。徳子は妾という立場であったが、羽倉外記は「赤城録」の中で、徳子について触れ、「鷙悍《しかん》」つまり、気性が激しい女性であり、忠治に愛されたとしている。

1-3　菊池徳(一倉徳子)の肖像(歌川芳輝画，個人蔵).

1-4　移築された徳子の旧宅．現在，観昌寺の庫裏として利用されている．

わたしは、一九八〇年代前半、郷里の群馬県で国道一七号線のバイパス(上武道路)開設にともなう発掘調査に従事していた。隣接する五目牛南組《ごめうしみなみぐみ》遺跡で、徳子の屋敷跡——家屋は別の場所に移転されていた——が発掘された。子分は離散、中風《ちゅうぶ》となり、落ち目となった国定忠治がこの徳子の家にかくまわれていたのである。かつてそこに彼女の屋敷があったことは地元で有名であり、遺跡の現地説明会は見学者で大盛況であった。なお、地元では彼女のことを「五目牛のおとく」と呼んでいた。

「かかあ天下」の上州

上州には「かかあ天下」という言葉があり、わたしもそれを聞いて育った。江戸時代後期以降、上州地域では、農間渡世としての養蚕・製糸が盛んとなり、在地社会に現金収入をもたらした。なお、徳子の生誕地近くの渋川《しぶかわ》(現渋川市)には吉《よし》田芝渓《だしけい》という在村文人が出て、『養蚕須知《ようさんすち》』(寛政六年〈一七九四〉)を著している。

蚕の育成は一家総出でおこなったが、繭から糸を取るという繊細な作業は女性が受け持ち、町場にその生糸を売りにいったのも女性であった。つまり、一家に現金収入をもたらした主役は「上州女」なのである。群馬県で生まれ育った人はだれでも知っている『上毛かるた』には「繭と生糸は日本一」という札がある。その日本一の風土を作り上げたのは「上州女」の力であった。当然、各家庭内でも女性の発言力は大きかったといえる。そこで、上州名物はからっ風と「かかあ天下」というわけである。徳子は、このような上州の地域的特性と、そこで生きる「かかあ」の気質をもった女性であったといえよう。彼女の人生は波乱に富んでいた。

国定忠治・渡辺三右衛門との出会い

徳子は文化一三年(一八一六)、有馬村《ありまむら》(現渋川市)の一倉家に生まれた。実家を出て奉公人として暮らし、上野佐位郡五目牛村(現伊勢崎市)の菊池千代松のもとに嫁いだ。徳子の生涯を詳述した高橋敏さんは、千代松との婚姻の年を天保一一年(一八四〇)、徳子二五歳としている(『国定忠治を男にした女侠』)。江戸時代の女性としては晩婚である。弘化三年(一八四六)、千代松が死去する。徳子は分家独立し、有馬村の一倉家から甥をむかえ養子とした。

そして、三〇歳になった徳子は凋落した忠治と会う。嘉永三年(一八五〇)、捕縛された忠治が玉村宿で尋問を受けたのち、徳子も江戸送りとなり、神田仲町《かんだなかちょう》の坂野屋平五郎《さかのやへいごろう》方宿預けとなる。忠治吟味の参考人であろう。

徳子が、坂野屋平五郎方宿預けとなっていたちょうどその頃、先述した玉村宿の大惣代渡辺三右衛門が公用で同じ宿に宿泊していた。そしてなんと、忠治が吟味を受けている最中から、徳子は三右衛門と交際を始めているのである。「三右衛門日記」嘉永三年一〇月二二日には、「坂野屋平五郎宿に五目牛とくという女が預けられている」とわざわざ記してある。徳子は魅力的な女性であったのだろう。二九日には「両国で徳子のほかに室村林太という人物と三人で酒を飲んだ」とある。こうして徳子・三右衛門の交際が始まる。それは嘉永五年まで続いたよ

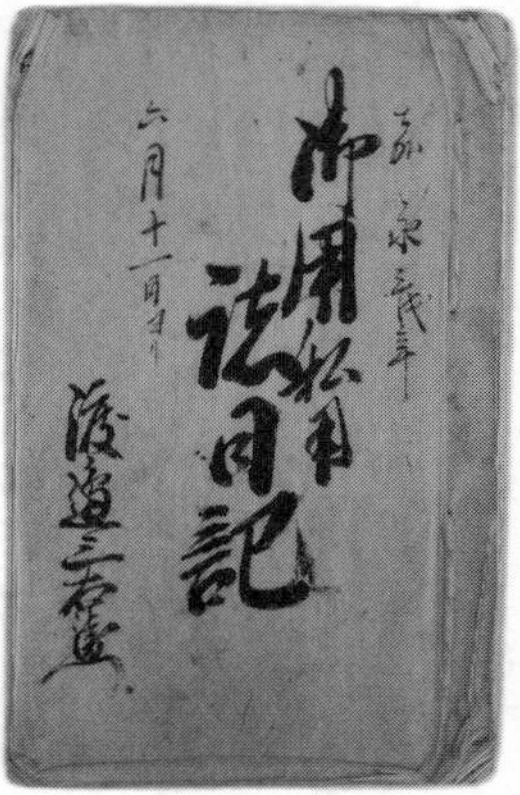
1−5 「三右衛門日記」(個人蔵，玉村町歴史資料館寄託)．

うである。

徳子の生き方

玉村宿は例幣使街道一番目の宿場で繁昌を極め、改革組合村二四カ村の元宿となっていた。三右衛門はそこの大惣代であり、経済力・政治力を兼ね備えた在地社会の顔役であった。「三右衛門日記」を見ると、彼は行政能力のみならず、幅広い交際を生かした仲裁の力量も高く、人望のある人物であったことがわかる。

はなしを徳子に戻す。彼女の生き方、存在を天保期の女性として普遍化することはできない。羽倉外記が語ったように彼女は猛禽のような気性の激しい女性なのである。天保期という時代、上州という地域、その二つが交差するところに徳子という個性が生まれたわけである。

徳子が関係をもった忠治や三右衛門は、それぞれ博徒の大親分や寄場組合の大惣代であり、徳子はそのような在地社会の〝大物〟と縁をもつことができたのである。彼女を女性としての魅力を武器にし、奔放かつしたたかに生きた、と評価することもできよう。しかしいっぽう、彼女の魅力とは異性(男性)にとってのものであり、それは人としての能力、もしくは主体としての行為とはいえず、〝大物〟男性の庇護のもと、つまり彼らの周縁でこそ「鷙悍」に生きることができた、ともいえる。ただし、天保期とは、女性が家に縛られ、もしくはしがみつき生きてゆく時代ではなくなってきたことは事実であった。

4　百姓一揆の変質　崩壊する作法

江戸時代、享保・天明・天保と約五〇年ごとに大規模な飢饉が発生した。とくに天保飢饉は、天保四年(一八三三)から天保一〇年の秋まで続いたのである。菊池勇夫さんは、飢餓状態による栄養失調を原因として発生する疫病こそが飢饉最大の恐怖であった、と論じている(『近世の飢饉』)。もっとも、現代の日本に暮らすわたしたちが、七年間も続く飢饉の恐怖を実感することは不可能であろう。

享保飢饉や天明飢饉の際、将軍のいる江戸で、米価高騰を原因とする打ちこわしが発生した。天保飢饉ではそれを回避するため、幕府は大量の米穀を江戸に移入(廻米《かいまい》)させる法令を出した(「米穀之部　天保四巳年八月町触」他)。

天保七年の凶作がもっともひどかったが、翌年に徳川家慶の新将軍就任の儀式を予定していた幕府は、廻米奨励に拍車をかけた。地方の米穀が江戸に集められたのである。天保七年に各地方で発生した飢饉は、幕府の政策によるいわば人災であった。

天保八年、大塩平八郎が武装蜂起する。彼が作成した檄文には、飢饉によって大坂の民が飢えているにもかかわらず、大坂町奉行は「万物一体《ばんぶついったい》の仁を忘れ得手勝手の政道をいたし江戸へ廻米」をしている、とある。大塩は、地方を犠牲にする幕府のやり方を見ぬいていた。本書では大塩の乱の詳述はできないが、その研究蓄積は膨大であり、蜂起理由や平八郎の思想の解明も進んでいる。

飢饉の郡内　動かない代官所

幕府の政策によって飢饉がもっとも深刻となった天保七年(一八三六)、いまの山梨県のほぼ全域におよぶ打ちこわしが発生した。甲州騒動である。甲州地域は、国中《くになか》(現甲府市中心、峡東・峡南地域)と郡内《ぐんない》(現大月市中心、東部地域)とに大きく分けられる。山間の郡内では、養蚕・製糸業が盛んとなるいっぽう、米穀は甲府盆地のある国中からの移入に頼っていた。郡内では、天保四年以降、米価高値の状態が続き、天保七年には、餓死・疫病人・行き倒れの多発、一家離散という、深刻な状況となった。

ところが、この地域を支配する幕府の石和《いさわ》代官が飢饉対策を施した形跡はまったく見られない。郡内への米穀は、国中から笹子峠《ささごとうげ》を経て入って来ていたが、天保七年にはその穀物移入量が激減していた。国中の中心である甲府には信州からの米穀が集まっていた。甲州はほぼ全域が幕府領であり、先述したように幕府は江戸廻米を積極的に奨励していたので、国中の米穀商人たちは、富士川の鰍沢河岸《かじかざわがし》(現南巨摩郡富士川町)から駿河湾まで米を運び出し、江戸に送り出していたのである。郡内に売るよりも江戸廻米のほうが儲かるのであった。飢饉は体力の弱い者へ集中的に襲いかかる。この間にも、老人や赤子が死んでゆく。

天保七年八月一七日夜、郡内下谷村《しもやむら》(現都留市)近郷の百姓が、飢饉中に穀物を買い占めていた下谷村の米穀商但馬屋武助らの居宅に乱入し、家財を打ちこわした。郡内内部にも、米価高騰で儲けようという商人がいたのである。翌日、石和代官の手代松岡啓次《まつおかけいじ》は、打ちこわしの頭取六人を捕縛した。しかし、この段階になっても石和代官は飢饉対策を行っていない。

立ち上がる郡内の百姓

八月二一日朝、下和田村《しもわだむら》武七《ぶしち》と犬目村《いぬめむら》兵助《ひょうすけ》を頭取とする郡内の百姓約六〇〇人は、熊野堂村《くまのどうむら》(現笛吹市)の米穀商奥右衛門《おくえもん》家に対する米の強借を計画、動き始める。二二日、笹子峠を越え国中に入った郡内勢は、奥右衛門に迫るが交渉は決裂、彼らは同家を徹底的に打ちこわした。郡内勢の目的は奥右衛門への社会的制裁であり、頭取の武七と兵助は、郡内勢をよく統制しており、百姓一揆の作法(序章)は守られていた。

しかし、打ちこわしは変質してゆく。飢えていない国中の人びとが騒動に参加し、米穀商以外の質屋など有徳人《うとくにん》を打ちこわし、盗みまでも始めたのである。二二日夜から、目的を達した郡内勢は帰村、それとともに百姓一揆の作法は崩壊する。本書では、百姓一揆の作法から逸脱した集団行為を騒動とし、その行為主体を騒動勢と呼称しよう。

異形の「悪党」

二三日夜、石和代官所から出張してきた手代らが、笛吹川《ふえふきがわ》の渡船場に至った騒動勢に発砲した。これは空砲であったが、幕藩領主が一揆勢に向かって、いきなり発砲することはまずない。百姓一揆には目的と要求があり、幕藩領主と対峙した際、頭取らはそれを訴える。しかし、甲州騒動の場合、そのような動きはない。騒動勢と手代たちとの間に意思の疎通はなかった。

二二日以降、国中において騒動が始まった段階で、一一五人もの無宿が付和雷同的に参加していた。甲府代官ら幕藩領主や村々は、騒動勢を「悪党」と呼んでいた。「悪党」は「色物」「赤き色物」を好んで身体に付け、長脇差しを帯び「異形之姿《いぎょうのすがた》」となった(「甲斐国騒立一件御裁許書」)。騒動に参加した国中の百姓たちは、無宿たちに交ざり、派手な衣服をまとい、武器を帯びることにより、異形の「悪党」へと変身した、といえる。こうして、一〇〇〇人を超える騒動勢が動きはじめた。その中核は「悪党」と呼ばれる武装集団であった。そして、騒動勢はさらに数を増やしつつ二手に分かれ、一手は釜無川《かまなしがわ》(富士川)に沿い駿州街道《すんしゅうかいどう》を南下し、もう一つの集団は甲府城下に向かった。騒動勢は幕府になにも期待していない。幕藩領主への恩頼感は霧散している。

「悪党」の逸脱的実践行為

「悪党」は自覚的に、盗み・放火などの逸脱的実践行為を働いていた。たとえば、無宿民五郎は「盗取候女帯を襷《たすき》ニかけ」「長脇差し」を差し、また江《え》

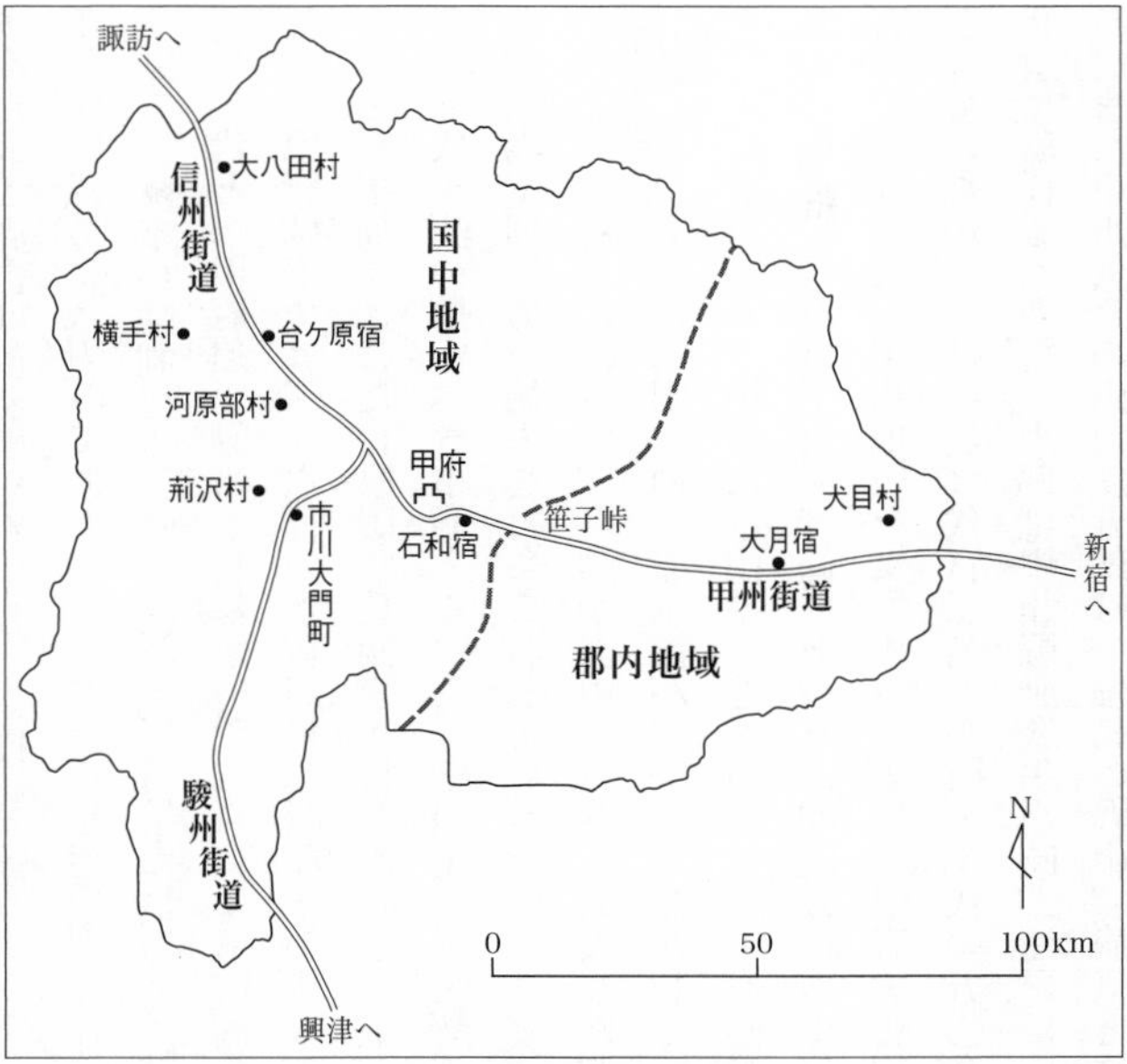
諏訪へ
大八田村
信州街道
国中地域
横手村
台ケ原宿
河原部村
甲府
荊沢村
市川大門町
石和宿
笹子峠
犬目村
大月宿
新宿へ
甲州街道
郡内地域
駿州街道
N
0
50
100km
興津へ

1-6　甲州騒動関係略図.

尻窪村《じりくぼむら》大工周吉は革羽織を着用し、赤打紉を襷として、大八田村《おおはったむら》（現北杜市）において、代官の手附・手代らに抜刀して向かっていった（「甲斐国騒立一件御裁許書」）。

二三日、参加強制によって一〇〇〇人以上に増えた騒動勢は、甲府代官井上十左衛門《いのうえじゅうざえもん》の手附・手代と、甲府《こうふ》追手《おうて》勤番《きんばん》永見為儔《ながみためとも》の手代らによる防衛線を突破、二方面から甲府城下に乱入した。甲府城下では、一六軒の米穀商や質屋などが襲撃された。そして、金融業を営み甲州でもっとも裕福とされた竹原田《たけはらだ》藤兵衛《とうべえ》家が打ちこわしの上、放火された。火災は近隣へと広がった。前代未聞の驚くべき事態となった。その後、騒動勢は甲州街道を北上しはじめ、各地の豪農、宿場や河岸の有徳人を打ちこわしていった。

脆弱な支配体制

わずか二日で、騒動が国中全域へと拡大した背景には、甲州地域の支配の脆弱性があった。田安領・清水領がわずかに存在していたが、甲州地域のほとんどは幕領であった。甲府には山手と追手の二つの甲府勤番が置かれ、勤番士が二〇〇名ほどいたが、彼らの役割は甲府城守備であった。問題は在地支配である。七百数十カ村、石高約三一万石という広大な甲州地域を支配するために、甲府・石和・市川大門《いちかわだいもん》にそれぞれ代官所が設置されていたが、所轄人員は代官三名と手附・手代の五〇名ほどしかいなかった。さらに、石和代官に就任した西村貞太郎《にしむらさだたろう》は甲州騒動発生当時、江戸にいて現地に着任していなかったのである。また市川代官の山口鉄五郎《やまぐちてつごろう》は、騒動の渦中、病気と称して陣屋に隠れ、対応は手代に任せたままであった。そのため、膝下の市川大門町(現西八代郡市川三郷町)は騒動勢に打ちこわされてしまう。三人の代官のうち、まともに職務を遂行したのは甲府代官の井上十左衛門だけであった。

八月二四日、井上十左衛門は甲府代官所の脆弱な軍事力での騒動鎮圧を諦め、隣接する諏訪《すわ》藩《はん》に出兵を要請した。諏訪藩側の史料には「井上十左衛門様より加勢御頼有之」とある(「天保七丙申年甲州百姓騒動付諏訪藩出兵の件」)。さらに、驚くべきことに、十左衛門は騒動勢の殺害命令を布達したのである。その「下知」は国中の村々に伝達されていった。甲州騒動は未曽有の事態を引き起こした。

1–7　市川大門代官所(山梨県西八代郡市川三郷町).

武装し自衛する在地社会

ところがいっぽう、甲府代官が殺害命令を出す以前から、国中の村々は情報を集積し、騒動勢への対応を独自に決めていたのである。二三日、つまり殺害命令「下知」以前の在地社会に焦点を当ててみたい。

河原部村《かわらべむら》(現韮崎市)では、騒動が「悪党」の仕業ならば、彼らを殺害してもかまわないが、もし百姓たちの一揆であったならば、そのような行為は後日、幕府から責任を問われかねないとして、村人たちは家財道具を持ち裏山に避難した(「並崎乃木枯」)。河原部村は打ちこわしを受けてしまうが、村人・騒動勢双方に一人の怪我人・死者も出さずに済んでいる。

荊沢村《ばらさわむら》(現南アルプス市)には、武田の旧臣と自称する甲州浪人が居住していた。彼ら剣術使いの主導のもと、村人たちは騒動勢を盗賊である、としたうえで、竹鎗・川除道具・小石などによって殺害していった。

また、信州街道から西方約四キロ、甲斐駒ケ岳に向かって上ったところにある横手村《よこてむら》(現北杜市)には横手彦三右衛門という甲州浪人がいた。彼は横手村を回避してもらうよう台ケ原宿《だいはらじゅく》(現北杜市)まで出向き騒動勢と交渉したが、無視されてしまう。むなしく帰村した彦三右衛門は、騒動勢を「強盗共」と罵り、「強盗共」を殺害してでも村を防衛すべきであると主張、横手村も暴力による村落防衛を決定した。

以上が二三日の在地社会の動向である。村人たちは、騒動勢をわれわれ百姓とは違う「悪党」「強盗」と了解したが、簡単に騒動勢への暴力発動を決定したのではなかった。村人たちには逡巡があったのである。では、甲府代官の殺害命令が出た二四日以降はどうであろうか。

二四日、殺害命令を受けた横手彦三右衛門は「これで騒動勢を心おきなく殺害できる」と述べ、防衛人数を増員し、鉄砲数も増加させている(「甲州道中徒党及乱妨候節妨方致手配始末書上」)。二五日、台ケ原宿の住民は騒動勢殺害を決定、鉄砲・真剣・竹鎗・鳶口《とびぐち》・六尺棒などで騒動勢を殺害・捕縛している。

二四日、甲府代官の殺害命令が発動されて以降、村人は自衛のため、迷うことなく騒動勢に暴力を行使した。また、井上十左衛門の手代喜多村《きたむら》運平《うんぺい》と三枝寛五郎は、鉄砲を使える猟師と人足を動員、信州街道を北上、二五日には信州との国境近くの大八田村で騒動勢に追いついた。彼らは騒動勢に発砲して殺害、また多くを捕縛した。在地社会の自衛と、甲府代官手代が動員した猟師たちの暴力によって、四日間、国中を席巻した騒動は鎮圧された。

処罰される「悪党」と彼らの流儀

次に、出兵を要請された諏訪藩の動向につき簡単に触れておきたい。諏訪藩は藩兵に火事装束の出で立ちをとらせ、鉄砲・弓で武装、医者・小荷駄馬、兵糧米・味噌附送馬・人足なども付随させ、総勢九〇〇人で出兵した。二五日、諏訪藩兵は喜多村らと協議しつつ、先詰《さきづめ》・後詰《ごづめ》と二隊にわけて行動した。しかし、すべて後手に回り、騒動鎮定に関して諏訪藩兵はほとんど機能していなかった。

捕縛され入牢とされた騒動勢は五〇〇人にものぼった。彼らは現地の石和で取り調べられて、騒動の中心人物と目された者は、江戸の伝馬町牢屋敷に送られた。吟味の結果、死罪九人、遠《えん》島《とう》三七人が確定したが、吉五郎を残し全員牢死した。なお、生き残った吉五郎という若者は石和宿に戻され磔刑となった。

幕府の吟味書によると、騒動勢のほとんどは二〇代以下の若者であり、一三〇人あまりが宿・町場に滞留する無宿であった。貧困もしくは根無し草の状態にある若者たちが、騒動という暴力が支配する非日常の空間において、社会的権力関係を逆転させた。「悪党」と呼ばれた彼らが社会的主導権を握ったのである。しかし、それはわずか四日間にすぎなかった。

「悪党」には彼らなりの正義(流儀)があった。天保四年から五年の凶作時に施行を行っていた甲府城下の有徳人たちは、今回の襲撃から免れているのである。「悪党」は、たんに日頃のうっぷんを晴らしていたわけではなく、貧者を救済しない米穀商・質屋など富裕層に対して社会的制裁を加えていたのであった。このような統制がとれた理由は、「悪党」の中に先述した無宿民五郎や江尻窪村大工周吉といったリーダーが存在し、独自のネットワークをもち、富裕層の情報を共有できていたからにほかならない。

江川英龍の登場

天保七年八月二九日、伊豆・駿河・武州・相州の幕領を支配していた韮山代官江川《えがわ》英龍《ひでたつ》は、甲州騒動発生の連絡を受け、手代の斎藤弥九郎《さいとうやくろう》(神道無念流練兵館《しんとうむねんりゅうれんぺいかん》当主)を連れ甲州に向かう。しかし、その途上、井上十左衛門から騒動が鎮静化した、との報告を得て、韮山に戻っている。なお、斎藤弥九郎はその後も甲州に滞在し、情報を収集している。

江川は、斎藤弥九郎の報告や、井上十左衛門からの書簡によって、作法が崩壊した騒動の様相と代官所の無力を知り、危機意識を抱いてゆく。そして、幕府世襲代官江川英龍の危機意識は子の英敏《ひでとし》・英武《ひでたけ》に引き継がれてゆく。

騒動鎮静後、甲府の三代官は罷免された。井上十左衛門は、国中において騒動を激化させ、甲府城下侵入を阻止できなかったことの責任が問われた——先述したように彼は奮闘していたのであり、この処罰は十左衛門に酷であろう——。なお、天保九年から一一年の間、郡内は江川英龍の預かり地となる。彼は騒動後の郡内の民政に尽力し、人びとから「世直し大明神」と称えられたとされる。これは余談として。

語られる甲州騒動の異常

甲州騒動の異常——時代の中に位置づけるならば画期といってもよいであろう——は、①暴力化し、百姓一揆の作法は崩壊した、②騒動勢の中心は「悪党」と呼称された無宿の若者たちであり、独自のネットワークを形成していた、③騒動勢と幕藩領主との間に意思の疎通はなかった、④幕府が村々に騒動勢殺害命令を出した、⑤村々は独自に自衛に動き騒動勢を殺害していった、とまとめることができる。

そして、この異常な様相は、在地社会内部(甲州)において記録され記憶されていった。また、多摩・駿河など隣接地域の村役人がこれを記録し、さらに、商人の情報ネットワークに乗り遠隔地までにも拡散されていった。以下では、甲州の様相について触れておきたい。

山梨県立博物館には、甲州騒動に関する刷り物(以下、瓦版)が残されている。作成時期は天保七年八月と思われるが、作成者は不明である。この瓦版は合戦譚のような叙述となっているが、打ちこわされた商人名や被害額も書き上げられている。そして、結末は諏訪藩が騒動勢を殺害して鎮圧した、となっている。しかし、先述したように、諏訪藩は何もできなかったのである。なぜ、事実に反する叙述となったのであろうか。

在地社会の記憶 〝依存の了見〟

山梨県内に残された甲州騒動関係史料のうち、領主側の記録や、騒動当事者の日記・訴状、裁許状などを除き、他者に見せることを目的として書かれたと思われる史料——騒動記と名付けよう——を一六点見つけることができた。これら騒動記は、騒動の原因から始まり、経過・結果へと叙述を進めている。これらに共通して、騒動勢殺戮の場面と諏訪藩出兵に関する記述量が圧倒的に多いのである(「自助と自浄の一九世紀」)。

しかし、騒動記は歴史的事実を伝えているわけではなかった。甲州騒動は、村々の暴力と諏訪藩の軍事力によって壊滅させられ、幕府の役人の吟味によって終焉し、在地社会には安寧が回復されるという筋書となっているのである。

幕藩領主はきっと助けてくれるはず、という期待、信じられなくなっているからこそ信じたい、という被支配者にある〝依存の了見〟から、事実に反した諏訪藩の鎮圧という物語が創られたのである。これが天保期の在地社会に生きる人びとの心性といえよう。

天保期、仁政は揺らぎ、幕藩領主への恩頼感は限りなく低下していた。しかし、人びとは幕藩領主を完全に否定したのではない。為政者に対する完全な絶望といったものは、そう簡単に生まれるものではない。

これら一六点の騒動記は、すべて甲州内部の人間によって記録され記憶・伝承されてきた。甲州の人びとは騒動記を語り、伝えることによって、甲州騒動の恐怖と村々の自衛の様相を追体験していったのである。そして、三〇年後、甲州地域では百姓たちによる在地自衛組織、「勇壮人《ゆうそうにん》」が生まれるのである。

5　奇妙な三方領知替え反対一揆

次に、甲州騒動と同時期に発生したが、様相のことなる百姓一揆を紹介したい。天保一一年(一八四〇)、出羽庄内藩《しょうないはん》領において、小前百姓だけではなく、村役人・豪農、豪商、僧侶といった幅広い社会層を結集し、なおかつ庄内藩はそれを黙認するという、じつに奇妙な一揆が発生した。三方領知替《さんぽうりょうちが》え反対一揆《はんたいいっき》である。藤沢周平はこの一揆をテーマにして傑作『義民が駆ける』を描いた。彼はこの小説を水野忠邦たち幕閣の内談からはじめている。まさにそれこそがこの一揆が起こる要因となっていた。

まず、庄内藩について簡単に触れておきたい。関ケ原の戦いの際、東軍についた戦国大名最上義光《もがみよしあき》は、出羽(現山形県)を支配下におさめたが、彼の死後、御家騒動《おいえそうどう》が勃発し最上家は改易、領国は分割された。元和八年(一六二二)、庄内地域には、徳川四天王《とくがわしてんのう》筆頭酒井家《さかい》の系譜を継ぐ忠勝《ただかつ》が、東北外様大名に対する抑えとして入封した。

こうして、最北の譜代大名、名門庄内藩一四万石が成立した。以後、約二二〇年間、酒井家は庄内地域を動くことなく同地域を支配し続けた。この長期統治の間、酒井家は領内での新田開発を推進し、表高一四万石であるが、実収は二〇万石を超えるといわれた。

さらに、日本海に面した酒田港《さかたこう》(現酒田市)は、西廻り航路《にしまわりこうろ》と最上川の舟運とを結ぶ重要な拠点となり、北前船《きたまえぶね》が行き来し、庄内藩領内の流通経済は発達していった。海運に関与した酒田の本間家《ほんま》は豪商かつ巨大な地主として財をなし、歴代当主は庄内藩を経済支援し、藩の財政再建を担うほどの存在となった。ようするに、庄内は農業・商業ともに発達した豊穣な地であった。

一揆の要因

私慾の連鎖

財政破綻をきたしていた武州川越藩《ぶしゅうかわごえはん》松平家が、この庄内に目をつけた。藩主の松平斉典《まつだいらなりつね》は大御所家斉の実子斉省《なりさだ》を養子として迎え、それを利用して庄内への転封《てんぽう》を企図した。家斉はそれを実現させるため幕閣に圧力をかけたのである。

この転封を実行に移した人物が水野忠邦であった。政治的野心の強い水野は、将軍引退後も強大な権力を維持する大御所家斉の関心を引き、点数を稼ぐ必要があった。転封という、幕府による大名支配の中核をなす政策が、このような私慾と私的な思惑の重なり合いの中から決定されたのである。そして、それは、越後《えちご》長岡藩《ながおかはん》牧野家をまきこみ、三藩同時に組み替える三方領知替え――庄内藩酒井家を長岡へ、川越藩松平家を庄内へ、長岡藩牧野家を川越へ――となり、天保一一年一一月一日に発令された。

1-8　庄内藩領関係略図.

反対する人びと

先祖伝来の地、肥沃な庄内を離れることを余儀なくされた庄内藩主と藩士は驚愕した。もちろんそれだけではなかった。酒井家の財政は、本間家はじめ領内の豪商や町人への借財に依存していた。酒井家が転封になると、その借金は踏み倒されてしまうのである。豪商や町人たちは領知替えに猛反対であった。

酒井家は入封以来、農業の活性化を図り、新田開発に対する優遇措置をとるなど仁政を施していた。ところがいっぽう、入封が予定された川越藩松平家は、慢性的な財政難を領民に転嫁するなど、苛斂誅求《かれんちゅうきゅう》を強いる大名であり、その悪名は庄内まで届いていた。生活基盤を土地に置き、移動・移住などできない百姓たちにとって、この三方領知替えは死活問題であった。幕府の決定に対して、藩主・藩士、豪商・町人、百姓といったように、庄内領域の人びとは身分をこえて、こぞって反対であった。

個性的なリーダーたち

庄内藩は東西に貫流する最上川を境として、その北側を川北三郷《かわきたさんごう》(遊佐郷《ゆざごう》・荒瀬郷《あらせごう》・平田郷《ひらたごう》)、南側を川南五通《かわみなみごどおり》(狩川通《かりかわどおり》・中川通《なかがわどおり》・櫛引通《くしびきどおり》・京田通《きょうでんどおり》・山浜通《やまはまどおり》)と二区分し、それぞれに大肝煎《おおきもいり》・大庄屋《おおしょうや》を設定して統治した。この郷と通が、村落を越えた百姓たちの日常的な社会的ネットワークを作りだした。そしてこれが、後述するように百姓一揆組織化の単位となってゆくのである。

三方領知替え反対一揆では、異なる社会的階層からそれぞれリーダーが登場した。彼らは、三方領知替え撤回を勝ち取る手段として、江戸に出て幕閣に愁訴《しゅうそ》を行う、という戦略を組み立てた。個性的なリーダーたちの中から三人を紹介しよう。

まず、玉龍寺《ぎょくりゅうじ》(現遊佐町)の文隣《ぶんりん》。この僧侶は川北地方の一揆を指導し、百姓たちとともに江戸に出て、上野寛永寺への愁訴を計画実行した。二人めは、京田通西郷組《にしごう》(現鶴岡市)の村役人本間辰之助《ほんまたつのすけ》である。彼は庄内藩から苗字帯刀《みょうじたいとう》を許可され、地境争論の仲裁をおこなうなど、地域指導者的存在であり、川北・川南全域での訴願運動を計画、資金調達に動き、また、文隣とともに江戸に愁訴に出ることになる。三人めには鶴岡城下七日町《なのかまち》(現鶴岡市)の旅籠屋主人加茂《かも》屋文治《やぶんじ》をあげたい。文隣の義弟でもある彼は庄内に留まり、江戸・仙台・会津・水戸等への訴願などに必要な多額の資金調達に奔走した。三人のリーダーのうち、文隣だけ年齢がわかっている。当時四〇歳、経験豊かな壮年であった。

彼らリーダーの行動は独断専行ではなかった。庄内では密会や小規模集会、さらには「大寄《おおより》」=大集会も開催され、一揆の計画や戦術は庄内領民たち〝衆〟の合意を得ていた。

〝無垢〟な百姓を強調

三方領知替え反対一揆に関して、三つの大部な史料が残されている。一つめの「文隣記」は、リーダーであった文隣が記録したもので、「御用留」や「訴状」が集められている。二つめの「夢《ゆめ》の浮橋《うきはし》」は、加茂屋文治が記録を収集し一揆の様相を絵巻物としてまとめたもので、三つめは嘉永二年(一八四九)、庄内藩士内藤盛業《ないとうせいぎょう》が編纂した「合浦珠《がっぽのたま》」である。以下の分析は、これら三点の史料をもとに行った。

まず、一揆の経過をみてゆこう。リーダーたちは集団での江戸愁訴を一揆の中核とした。愁訴はわずか四カ月の間に六回も実行されたのである。三方領知替え命令が鶴岡に伝達されたのは天保一一年一一月七日であり、同月一五日には本間辰之助宅で、京田通西郷組馬町村《うままちむら》の肝煎たちが集まり、転封阻止のための密談が行われていた。そして、ほぼ同時期に、文隣と加茂屋文治とが鶴岡城下の文治宅で江戸愁訴を計画していた。

1−9　玉龍寺（山形県飽海郡遊佐町）．境内には文隣の碑もある．

江戸への愁訴に際して、百姓たちは「道中掟《どうちゅうおきて》」を作成し、自己規律を図っていた。彼らは、脇差しなどを帯びることを禁じ、鎌を一挺ずつ持参することを決めていた。農具の鎌は武器ではなく、農作業のみならず、出かける際には必ず持参する百姓身分を象徴する道具であった。このように庄内の百姓たちは百姓一揆の作法を遵守していた。大都会江戸に出て、幕閣に愁訴するにあたり、彼らは庄内の〝無垢〟な百姓——分をわきまえ、幕藩領主に柔順な百姓——であることを強調していたのである。じつにうまい戦術といえよう。

江戸「登り」愁訴の組織化

以下、六回の江戸愁訴＝「登り」を国立歴史民俗博物館『地鳴り山鳴り』も参考にして、時系列でまとめてみた。川南・川北という庄内藩の行政区分が愁訴組織化の母体となっていたこともわかる。

Ａ　川南「一番登り」　天保一一年一一月二三日、川南京田通西郷組の百姓たちが江戸に出発する。詳細は後述。

Ｂ　川北「一番登り」　天保一一年一二月二三日、百姓二一人が江戸に出発する。詳細は後述。

C　川北「二番登り」　天保一二年正月二一日、川北の百姓たちが江戸に出発する。のち、大老と老中に駕籠訴《かごそ》を行う。

D　川南「二番登り」　天保一二年二月一五日、川南中川通の百姓らが江戸に出発する。のち、大老と老中に駕籠訴を行う。

E　川南・川北の百姓合同「登り」　天保一二年三月四日、本間辰之助と文隣の指導により川南・川北の百姓たちが合同して江戸へ出発する。この時、庄内藩領の僧侶も同行し、寛《かん》永寺龍王院《えいじりゅうおういん》に駕籠訴を行う。百姓たちは老中水野忠邦らに駕籠訴を行う。

F　川北、水戸からの「登り」　天保一二年四月一五日、川北平田郷の百姓は水戸藩徳川斉昭に愁訴したのち、江戸に入り老中太田《おおた》資始《すけもと》に駕籠訴を行う。

これらの愁訴のうち、A、Bを取り上げて百姓たちの愁訴の様相につき簡単に触れておきたい。

理想の領主を強調

A　一一月二三日、京田通西郷組の百姓一二人が、真冬の豪雪をついて江戸に向かった。連続する愁訴の始まりである。愁訴には定められた作法があり、それを守らないと訴願は却下されてしまう。愁訴はそう簡単なものではなかった。江戸には訴訟や愁訴の作法を熟知した公事宿《くじやど》と呼ばれる業者がいた。彼らは在地から出訴してきた百姓たちに、その作法を指南するわけである。庄内藩領の百姓たちが懇意にしていたのは、馬喰町《ばくろちょう》(現中央区)の大松屋《だいまつや》であり、今回もそこを頼った。しかし、尋常ではないことを察した大松屋は、庄内藩江戸藩邸に密告、百姓たちは藩邸に引き取られ、説諭のうえ庄内に戻されてしまう。最初の行動は失敗に終わった。

B 一二月二三日、遊佐郷・荒瀬郷の百姓二一人が江戸に出立する。当時、江戸には遊佐郷出身で公事師《くじし》・経世家《けいせいか》として成功した佐藤藤佐《さとうとうすけ》という人物がいた。川北の二一人はこの藤佐に支援を求めたが、拒否されてしまい――本間辰之助は藤佐を川越藩の「間者」だと罵っている――、最終的に公事宿紀伊国屋利八《きのくにやりはち》を頼った。二一人は江戸で越年、紀伊国屋のアドバイスを受けて、愁訴の具体的方法を幕閣への駕籠訴――為政者が駕籠で通過する際に、「おそれながら」と訴状を提出する行為――とし、天保一二年正月二〇日、大老井伊直亮《いいなおあき》ら五人への駕籠訴を実行した。庄内の百姓たちが提出した訴状には、

酒井家の統治は仁政・「御仁恵」による善政であった。天保飢饉の際にも一人の餓死者がでることなく「露命を繫」ぐことができた。ゆえに酒井家の庄内永住を認めていただきたい。そのために、江戸まで登り、駕籠訴を行った。なにとぞ、憐憫《れんびん》をもって沙汰を下していただきたい。

とある。もちろん幕府に対する批判は微塵もない。訴状は、庄内入封以来、仁政を体現してき

た理想の領主への賛美と、忠義をつくす領民、という領主・領民の理想の姿を強調した〝美談〟となっている。紀伊国屋のアドバイスであろう。うまい演出であり、みごとな戦術といえる。五人の大老や老中らはこの訴状を受け取っている。

ついでながら、この一揆が落ち着いた翌天保一三年、紀伊国屋は町奉行に別件で捕縛され、不正・非分ありとして遠島になっている。彼が庄内百姓の愁訴を支援したことと、この処罰との関係はわからない。ただし、後述するように、水野忠邦が執念深い人物であったことは事実である。

僧侶たちの駕籠訴と仙台藩への愁訴

次に、Eにある文隣を中心とする庄内各宗派の僧侶たちの動向にも触れておきたい。彼ら僧侶は江戸の有力寺院に働きかけるために動いた。宗派を超えた結束には、それなりの理由があった。各宗派の寺院と庄内百姓とはそれぞれ緊密な寺檀関係《じだんかんけい》を有しており、それを管理統括しているのが酒井家であった。僧侶たちは、酒井家の転封によってこの寺檀関係に亀裂が入り、それが大きな損失に繋がると認識していたのである。

天保一二年三月四日、僧侶たちは妙行寺《みょうぎょうじ》(鮫ケ橋)・伝通院《でんづういん》(小石川)・本妙寺東岳院《ほんみょうじとうがくいん》(本郷)に分かれて入った。文隣は本妙寺の日善からアドバイスを受け、愁訴先を将軍家と密接な関係をもつ上野寛永寺と決め、三月二二日、寛永寺龍王院に駕籠訴を行った。しかし、翌日この訴状は返されてしまい、愁訴はかなわなかった。
いっぽう、庄内の百姓たちは天保一二年四月以降、水戸・米沢・会津・仙台・秋田といった近隣諸藩にも愁訴を行った。とくに、蓑笠《みのかさ》姿で鍋米を背負った三〇〇人もの百姓による仙台藩(伊達家)への愁訴は効果をもたらし、伊達家はしごく婉曲な批判を込めてこの愁訴の様相を幕府に届け出ている。

黙認される「大寄」

このように江戸での駕籠訴、各地での愁訴が実行されている天保一二年、庄内藩領内では八回もの大規模集会＝「大寄」が開かれていた。百姓たちの結束を強めるためである。もちろんそれは、酒井家への圧力になり、幕府への批判になった。百姓たちは集会に際して、「民家に入り飲酒や乱暴などは慎むこと、役人に対して慮外のことをおこなわないように」など五カ条の「掟」を定めていた。
以下、「夢の浮橋」に描かれた場面をもとに、『新編庄内史年表』も参照して、「大寄」の様子を簡単にまとめる。なお、記述された集合人数は驚くべき数にのぼるが、いわゆる主催者発表というものである。百姓たちは川北・川南の両地域から郷・村単位で結集し、それぞれ目印の旗を掲げていた。
◎五丁野谷地大寄　天保一二年閏正月二七日、川北三郷の百姓たちが五丁野谷地《ごちょうのやち》(現酒田市)に群集する。総数七万人。

◎大浜大寄　二月一日、川北の百姓たちが酒田大浜《さかたおおはま》(現酒田市)に集結、総人数は七万五百人とある。

◎大浜寄合　二月一〇日、川北の百姓たちが酒田大浜に再び集結、庄内藩郡奉行《こおりぶぎょう》らが制止にあたった。一部の百姓たちは、川越藩に内通していると噂された酒田の白崎五右衛門《しらさきごえもん》宅を襲い、石を投げ込んでいる。

◎六所明神大寄　二月一五日、川南の百姓たち数万人が上藤島村《かみふじしまむら》の六所明神《ろくしょみょうじん》(現鶴岡市)に集まった。

◎六所明神・高寺山などでの大寄　二月一九日、中川通は六所明神、狩川通は東山、櫛引通は高寺山《たかでらやま》、京田通は空諏訪《からすわ》で、それぞれの百姓たちが結集した。

◎大浜大寄　三月二三日、川北の百姓らが酒田大浜で三度目の集会を開く。多数の山伏が転封中止の祈禱を行う。

◎六所明神大寄　四月二五日、川南中川通の百姓が六所明神下谷地で大集会を開く。この様子を描いた場面は、三方領知替え反対一揆を象徴する著名なものである。百姓たちは前日の夕方から太鼓・法螺《ほら》貝などを鳴らし、集まってきた。篝火《かがりび》のある中央にいる蓑笠姿の百姓たちは、各村の代表たちであろうか、協議をしているように見える。

◎玉龍寺寄合　五月二六日、川北の百姓たちが玉龍寺で集会を行う。

1-10　天保 12 年 4 月 25 日の六所明神大寄の様子(「夢の浮橋」致道博物館).

序章で述べたように、幕府は全国法令によって徒党・強訴・逃散を禁止していた。これら「大寄」はもちろん徒党にあたる。しかし、庄内藩は、「大寄」現場に役人を派遣するが黙認を貫いた。

勝利に沸く庄内

庄内藩も動いていた。江戸詰家老と留守居《るすい》は転封を回避するため、江戸で活発な外交交渉を行っていた。天保一二年閏正月三〇日、徳川家斉が死去すると、幕政に対する諸大名の不平・不満が吹き出す。その批判の矛先は三方領知替えに向かった。庄内の百姓が行った水戸藩・仙台藩といった有力大名への愁訴は、俄然政治的な意味を帯びていった。御庭番《おにわばん》が独自の情報収集により庄内藩領民たちの動きを把握し、それを直接将軍家慶に上奏、家慶はその情報から、三方領知替えを強行すれば大騒動が勃発すると判断、六月七日、水野忠邦に中止を命じた。

　七月一二日、幕府から三方領知替え中止命令が出る。そして、七月一六日には、この吉報が庄内に届く。直後から鶴岡城下をはじめ、庄内各地でそれを祝う振る舞いや宴会が八月上旬まで続いた。

　三方領知替え反対一揆は、江戸での幕閣・寛永寺への駕籠訴、諸藩への愁訴、そして庄内藩領内での「大寄」と三つの複合体であり、その戦略が有効に機能した。村役人・町人・僧侶といったリーダーたちや、駕籠訴や「大寄」を行った百姓たちから一人も処罰者は出なかった。

　厳冬期の豪雪の中、はるか遠い江戸へ愁訴の旅に出た庄内の百姓たちに、わたしたちは感動する。庄内の人びとは冷静であり、みごとな戦略・戦術を組み立てるなど、政治的力量もずばぬけていた。江戸「登り」に関する多大な費用などが発生したが、三方領知替え反対一揆は庄内の人びとの完全勝利であった。

　転封命令を貫徹できず、一度出した命令を撤回したことは幕府権威の失墜を招いた。水野忠邦には、酒井家・庄内藩領民に対する遺恨が残った。二年も経過した天保一四年、忠邦による陰湿な復讐が始まる。幕府は庄内藩などに印旛沼《いんばぬま》堀割の「御手伝普請《おてつだいふしん》」を命じたのである。莫大な費用と労力が庄内藩に賦課され、百姓たちに転嫁された。

甲州騒動と、三方領知替え反対一揆の共存

さきに見た甲州騒動では、百姓一揆の作法は崩壊し、暴力をともなう騒動へと至り、それが時代の画期となった。いっぽう、三方領知替え反対一揆では百姓一揆の作法は遵守されていた。この二律背反をどう理解すべきであろうか。

現代社会に生きるわたしたちは、物事を合理的に理解したいため、事件や事象を類型化し認識しようとする。それは個別事例の普遍化という意味において重要な知的行為であるが、歴史に向き合う際に、類型化し理解した事件や事象が、あたかも次の時代に向かって発展してゆくかのように解釈してしまう。もしくは、そう解釈するために類型化を行う。百姓一揆もそのように理解され、分析されてきた。しかし、そうした解釈は歴史の誤読であり、あえて強い口調を使うならば、当時の人びとに対する冒瀆といえよう。このような発想を捨て、二つの騒動と百姓一揆を考えてみよう。

在地社会の人びとの思いと行動

甲州騒動と三方領知替え反対一揆に関して、まず理解すべきはその渦中にいた人びとの思考と行動である。甲州騒動の重要性は、百姓一揆の作法が崩壊し「悪党」が独自の流儀により暴力による社会的制裁を行使したことと、村人みずからが地域防衛に乗り出し、「悪党」を殺害していった、という二つの事実である。

次に三方領知替え反対一揆である。庄内地域は海路によって先進地大坂と結びついていた。

この地域が時代から取り残されていたわけではない。幕藩領主の仁政を引き出し、政策を撤回させることがこの一揆の目的であるため、そのための戦術として愁訴を選択したのである。ゆえに、正統な百姓一揆の作法を遵守することは当然であった、と理解すべきである。

類型化した解釈をやめ、騒動・百姓一揆に結集した人びとの思考と行動を史料からくみ取ると、彼らは主張・要求を実現するために、最良な手段を主体的に選択していったことがわかる。

一八世紀、各地域において発生した百姓一揆を記憶するために百姓一揆物語が創られ(序章)、甲州騒動では騒動記が生まれた。これらは面白い読み物として潤色されたものであった。そして、三方領知替え反対一揆に関しては、「文隣記」「夢の浮橋」「合浦珠」という三つの記録が庄内で生まれた。これらの史料からは、歴史的〝事実〟を記録しておきたい、という編纂者の意志を感じ取ることができる。幕藩領主は仁政による民衆統治を続け、領民はそれを称え殿様に忠義を尽くし、領主領民関係の永続を願う、という江戸時代的な領主と領民の理想的な姿が、〝事実〟として描かれている。そして、これらの記録(史料)は、庄内の人びとの勝利の記憶を庄内の〝美談〟として保全していった。

しかし、そのような〝事実〟があたりまえであったならば、あえて語り、記録として保全する必要などないであろう。仁政が揺らいでいるからこそ生まれた〝美談〟なのである。またいっぽう、甲州騒動・三方領知替え反対一揆という、相反するタイプの騒動・一揆が同時代に併存していたことに注目するならば、仁政は揺らいではいるが完全に崩壊していない、という理解が可能となる。天保という時代は混沌とした幕末への入り口であった。

そして、この時代、在地社会の中で若者たちの自己主張があからさまとなり、彼らが既存の社会的ネットワークを変え、さまざまな出来事の中心に立ちはじめたといえる。先に紹介した博徒の親分三人は、その世界に入った時にはみな若者であり、甲州騒動の「悪党」の中核は若者たちであった。特別な能力も社会的資産もなく、そして〝夢〟をもてない若者たちの自己主張、存在を誇示するもっとも簡単な方法は暴力である。それは治安の悪化という社会問題につながってゆく。さらに、徳子に見るように、家に縛られずに生きてゆく、という途を選択しはじめる女性も現れた。天保とはそういう時代であった。

第二章　弘化から安政期の社会　失墜する武威

弘化元年～5年
（1844～1848）

嘉永元年～7年
（1848～1854）

安政元年～7年
（1854～1860）

天保改革に失敗した水野忠邦は一時的に復帰するが引退、弘化二年(一八四五)、阿部正弘《あべまさひろ》が老中首座に就任する。弱冠二六歳であった。阿部政権は、こののちペリー来航をはさみ安政二年(一八五五)まで、約一〇年におよぶ長期政権となる。その間、国際関係の緊張は続いた。

アヘン戦争の結果、英・米・仏など各国が中国との貿易を始めたことを契機として、欧米列強は新規の市場を狙い東アジアに進出してきた。このような、ウエスタン・インパクトという大きな枠組みから見るならば、日本の幕末はアヘン戦争から続く東アジアの変動の一環として理解できる。そして、欧米列強との国際条約締結により日本は開国し、政治の混乱がはじまる。

1　ペリー来航と政局の展開

嘉永六年(一八五三)六月三日、ペリー艦隊四隻が、江戸湾の入り口である浦賀沖《うらがおき》に現れた。このうち、旗艦サスケハナ号とミシシッピ号は蒸気機関をもつ巨大なフリゲート艦であり、ペリー艦隊は東アジアにおいて、イギリスを凌駕する最強の戦闘力を有していた。アメリカは西海岸から太平洋航路を開設し、アジア地域との貿易拠点および、捕鯨船の補給地を確保することを企図、日本をその相手として開国させるために、露骨な軍事的圧力をかけてきた。

六月三日夜、ペリー来航を知った阿部は戦争回避のために、避戦・穏便策を選択――それは必然的に開国に繋がる――、久里浜《くりはま》(現横須賀市)での国書受け取りを決定する。幕閣はオランダからの「別段風説書《べつだんふうせつがき》」によって、アメリカ使節の来航を事前に知っていたために、ここまでの対応は早かった。

六月九日、ペリーは久里浜に上陸、会見に応じた浦賀奉行《うらがぶぎょう》の戸田氏栄《とだうじよし》と井戸《いど》弘道《ひろみち》に開国と貿易を求めるフィルモア大統領の国書を手渡し、一二日には、翌年の再来を予告して江戸湾から去って行った。

老中阿部正弘の避戦・穏便策

阿部はペリー再来航に備え、徳川斉昭を海防参与《かいぼうさんよ》とし、さらに大統領国書を公開、その扱いについて旗本・大名に諮問《しもん》した。その結果、下級武士や江戸の町人までも意見書を幕府に提出、その数約八〇〇通になったという。

嘉永七年一月一六日、ペリー艦隊が再び来た。半年しかたっていなかった。阿部が企図した交渉引き延ばし策は通用せず、日米和親条約の調印に至る。この条約は不平等条約ではあったが、阿部は避戦・穏便策を貫くことができ、また貿易開始も回避できた。

安政二年(一八五五)、阿部は軍事を中心とした安政改革を開始、洋式軍艦二隻をオランダへ発注、オランダから海軍教官を招き、海軍士官養成のための長崎海軍伝習所《ながさきかいぐんでんしゅうじょ》を設立した。二度のペリー来航という国家的危機を避戦・穏便策により乗り越え、安政改革を主導した阿部正弘は同年、老中首座を佐倉《さくら》藩主堀田正睦《ほったまさよし》に譲った。

米駐日総領事として下田に着任したハリスは、安政四年(一八五七)一〇月、江戸城に登り一三代将軍徳川家定《とくがわいえさだ》に謁見、貿易を求める大統領国書を渡した。堀田正睦は紀伊藩・尾張藩・水戸藩などに諮問しつつ、日米修好通商条約調印やむなしとの結論に至る。しかし、徳川斉昭は尊王攘夷の〃卸元〃としての自負から、通商条約拒否の姿勢を崩さなかった。世間は威勢のよい斉昭に同調した。堀田は、尊王攘夷の根源である孝明《こうめい》天皇《てんのう》から通商条約調印の勅許を得、反対意見を封じ込めることを企図した。

将軍継嗣問題の浮上

通商条約締結を容認している島津斉彬《しまづなりあきら》(薩摩藩)・松平慶永《まつだいらよしなが》(越前福井藩)・伊達宗城《だてむねなり》(宇和島藩)・山内豊信《やまうちとよしげ》(土佐藩)らは、欧米列強の軍事力に対抗するには開国が必須であり、政治の安定のためには将軍の強いリーダーシップが肝要であると認識、英邁《えいまい》と目された一橋慶喜《ひとつばしよしのぶ》を次期将軍候補として押し上げるため、一橋派を形成した。徳川斉昭は、実子慶喜を将軍に就任させるために通商条約調印を受け入れ、一橋派の有力大名として積極的に動き始める。

これに対して、外様大名や親藩の幕政参入を危惧する譜代大名保守派は、彦根藩主井伊直弼《いいなおすけ》を中心として、将軍跡継ぎに紀伊藩主徳川慶福《とくがわよしとみ》を推薦、南紀派を形成する。時勢は日米修好通商条約調印と将軍継嗣《しょうぐんけいし》問題がからみあって大きく動いてゆく。

条約勅許失敗の波紋

安政五年(一八五八)、堀田正睦は孝明天皇から通商条約調印の勅許を得ることに失敗、井伊直弼が大老に就任する。同年六月、将軍家定の意志によって、徳川慶福(のち家茂《いえもち》)が一四代将軍となった。そして、井伊は朝廷の意向を無視して、日米修好通商条約を調印した。この間に堀田は老中を罷免されている。

同年八月、孝明天皇は幕府が「勅答《ちょくとう》」に背き、条約に調印したことを責め、公武合体を進め、「外夷《がいい》の侮《あなどり》」を受けないようにすること、といった内容の沙汰書を水戸藩に下した。このいわゆる「戊午《ぼご》の密勅《みっちょく》」が将軍臣下の水戸藩に出されたという事実は、幕府の威信を失墜させた。もっとも、水戸藩および諸藩がこの密勅に即応して政治行動に出ることはなかった。

なお、「勅答」に背き条約に調印した、という孝明天皇の言説は、「違勅《いちょく》」という強烈かつわかりやすい幕府攻撃の文言として拡散してゆく。

対立相手の殲滅

安政五年九月、大老井伊直弼は、朝廷との関係修復のため、老中間部《まなべ》詮勝《あきかつ》を上洛させるとともに、幕府の方針に反対した公家・大名とその家臣らを徹底的に弾圧した。

安政の大獄である。井伊は将軍継嗣への介入をもっとも問題視して、この一橋慶喜擁立運動を支えていた福井藩士橋本左内《はしもとさない》や水戸藩家老安島帯刀《あじまたてわき》らを処刑した。公家・諸大名もふくめ、約八〇人が処刑・処罰された。なお、めずらしいところでは、陸奥伊達郡《むつだてぐん》(現福島県伊達市)の百姓菅野《かんの》八郎《はちろう》も幕府を批判したとして、八丈島《はちじょうじま》に流罪《るざい》となった。これは後に述べたい。

安政の大獄によって、政治的見解を異にする対立は、阿部や堀田のように議論や妥協により調整してゆくのではなく、暴力で相手を殲滅する、という手法が開かれてしまった。権力による徹底弾圧は政治的劣位の者のテロを誘発する。

井伊は、一橋慶喜擁立運動と「戊午の密勅」発令の背景に、水戸藩の暗躍があったと理解、斉昭を永蟄居《えいちっきょ》にするなど、この藩に厳罰で臨んだ。これに対して、斉昭を「烈公《れっこう》」と崇める水戸藩の過激な尊王攘夷派藩士は脱藩、井伊襲撃を企図する。

万延元年(一八六〇)三月三日、桜田門外《さくらだもんがい》の変《へん》が起こる。関鉄之介《せきてつのすけ》・高橋多一郎《たかはしたいちろう》ら水戸脱藩士と、薩摩藩脱藩の有馬次左衛門《ありまじざえもん》ら一八人は、井伊直弼を暗殺した。「水戸斬奸状《みとざんかんじょう》」には「井伊は日本の武威を穢し、国体を辱めているので、天誅《てんちゅう》により斬殺した」とある。彼らは、自己の暴力を〝天に代わる行為〟として正当化したのである。以後、この「天誅」という言葉はテロの常套句《じょうとうく》となってゆく。絶対権力者である大老が白昼、浪人たちによって殺されたのである。幕府の武威は失墜した。

2　国体・尊王攘夷論の形成と広がり

幕末社会の様相を叙述するにあたり、時代を象徴する国体《こくたい》と尊王攘夷《そんのうじょうい》という政治思想に触れておく必要がある。水戸藩の知識人が創り出したこの二つの言葉からは、超保守かつ軍国主義的思想といったものが連想されるであろう。しかし、そうした方向性かつ認識は近代、とくに昭和戦前期において生まれたものであり、登場した当初の国体・尊王攘夷論は革新的な思想であった。以下、何が革新的なのか、を意識して説明したい。

一君万民への繋属

第一章で触れたように、文政七年(一八二四)の大津浜事件を契機に水戸藩の会沢正志斎は対外危機意識を鮮明にし、翌年に「新論」を執筆した。この書は七編にも及ぶもので、公刊されなかったが、筆写され全国に広がった。この書で正志斎は、国体という概念を構築し、対外危機への対応として富国強兵という政治方策を語った——富国強兵に関しては第一章ですでに触れた——。なお、「国体」なる語彙は、「漢書《かんじょ》」などの中国古典や、平安時代末期の「玉葉《ぎょくよう》」にも「くにがら」といった意味で使用されているが、それらと相違し、正志斎が構築した国体論は、強い政治性・イデオロギー性をもつものであった。日本の武力を凌駕する欧米列強に対抗するには、武威を強調するだけではなく、新たなアイデンティティの創出が必要である、と正志斎は考えた。そして、彼は日本型華夷意識(序章)を強調しつつ、神州日本を上国とし、その優越性を強調するために国体という概念を組み上げたのである。

正志斎が語る国体とは、万世一系の天皇家を中心とした宗教的儀礼を創出し、人びとをそこに繋属させ、儒学的徳目の忠・孝を重視して社会を安定させるという、幕藩体制維持のための概念であった。しかしいっぽう、日本の歴史の中で天皇家のみが屹立した存在となり、蘇我氏・藤原氏・源氏といった時代に応じた政権担当者は徳川将軍家もふくめ、転変する存在でしかない、ということを示唆していた。国体論は、日本がかつて経験したことのない一君万民という政治形態に繋がるわけである。

　こうみると、国体と尊王との親和性は高いことが了解できる。問題は国体論が、徳川将軍家をも相対化してしまう、という点であった。それを強調するならば、国体論は危険な革命思想といえる。さらに、正志斎は日本の国体を高度かつ独自なものと措定すると同時に、諸外国を「夷《い》狄《てき》」「禽獣《きんじゅう》」と位置づけていた。独自性の強調は排他性に繋がる、という典型である。国体と攘夷との関係性も強いのである。

忌避された「水府学」

　次に、尊王攘夷に触れたい。この言葉はイメージしやすいであろう。この四文字は、天保九年(一八三八)、藩主徳川斉昭の命によって藤田《ふじた》東湖《とうこ》が起草した「弘道《こうどう》館記《かんき》」にはじめて登場した。さらに東湖は「弘道館記述義《こうどうかんきじゅつぎ》」巻の下(嘉永二年〈一八四九〉)の中で、それを「報国《ほうこく》ノ大義ナリ」と定義した。天皇への尊崇は、天皇から政治委任を受けている将軍の尊厳を高め、さらに将軍から領域支配を認められている大名の権威をも安定させることに繋がる。ゆえに、尊王という政治思想は幕末特有のものではなく、近世に限定するならば、『大日本史』編纂をはじめた水戸藩主徳川光圀《とくがわみつくに》や『読史余論《とくしよろん》』を執筆した新井白石《あらいはくせき》にみるように、江戸時代中期頃、儒学的倫理観をもとに形成されていた。

幕末、水戸藩の知識人たちは既存の尊王論と、創出した国体論の排他性から生まれた攘夷とを結合させたのである。国体・尊王攘夷論は、仁政・武威という政治理念が揺らぐ中での「内憂外患」、その危機を乗り越えるための政治思想として提起されたわけである。そして、正志斎はそれを実現するための政治方策として、富国強兵の必要を唱えたのであった。

この水戸藩の知識人が構築した思想潮流は、当時「水府学《すいふがく》」と呼称されていた。この言葉は、儒者佐藤一斎《さとういっさい》が異端の学問として悪意をこめて命名した、とされる。また、長州藩の儒者山県太華《やまがたたいか》は吉田松陰《よしだしょういん》の「講孟余話」を論駁《ろんばく》する中で、国体という語は水戸においてはじめて「云ひ出せしことか」として、嫌悪をあらわに「新論」を批判していた(「講孟劄記評語《こうもうさっきひょうご》」下の二)。水戸藩による新奇な国体・尊王攘夷論は、当初、伝統的教養の世界にいる知識人たちに蔑視されていたのである。

メディアとしての「新論」

安政期、ペリー来航という国家的危機をむかえ、徳川斉昭と国体・尊王攘夷論は寵児《ちょうじ》となる。ただし、弘化から安政期における国体・尊王攘夷論の受容は、ペリー来航という情報を得ることで危機意識を共有できた知識人や上層の武士に限定されていた。確認すべきは、時代を象徴するこれらの思想がどのように、何を媒介として広がっていったのか、という問題である。

先述したように、会沢正志斎は「新論」の内容が過激であり、幕府を相対化していることに自覚的であり、それを公刊しなかった。ゆえに、「新論」は筆写により全国に広まった。たとえば、吉田松陰は嘉永三年(一八五〇)に平戸・長崎に留学するが、師である平戸藩山鹿流兵学《やまがりゅうへいがく》者葉山佐内《しゃはやまさない》のもとで、この書を読んでいる。

「新論」は安政四年(一八五七)にようやく出版される。しかし、その内容を理解するには儒学や日本史の高度な知識が必要であり——当初、松陰もその内容を理解できていない——、この書物を通じて国体論を内面化できた者はしごく限定されていたといえる。そしてなにより、ある一定のキャリアをもった知識人の反応は、先に述べたように好意的ではなかった。

いっぽう、攘夷の根源は、ペリーの砲艦外交《ほうかんがいこう》に屈し、国是と認識していた鎖国を他律的に破棄させられた、ということから起こる排他的な感情といえる。感情的排他性を強調すれば、高度な教養がなくても、尊王攘夷に共鳴できる(気になれる)わけである。

「新論」は内容ではなく、存在そのものによって聖典となっていった。現代の日本で突然、哲学書がはやりだす現象に近い。その意味で「新論」のメディアとしての重要性は高かったと言える。それを前提にしつつ、ここでは国体・尊王攘夷論が社会に広まってゆく他の要素となる社会的ネットワークをみていきたい。

この問題を考えるにあたり、長州藩とこの藩を中核にしたネットワークの存在は欠かせない。その起点に、長州藩山鹿流兵学師範の吉田松陰がいた。以下、彼の思想と行動をみておきたい。

起点としての吉田松陰

江戸に留学していた松陰は、嘉永四年(一八五一)一二月、熊本藩士の宮部鼎蔵《みやべていぞう》と東北巡見の旅に出発する。松陰二一歳の冬であった。約四カ月にもおよぶ旅の中で、彼が最初の目的地としたのは水戸であり、もっとも長く(約一カ月)逗留した場もそこであった。筆まめな松陰は「東北遊日記《とうほくゆうにっき》」(以下、「日記」)という旅行記を著したが、水戸藩の様相と水戸藩士に関する記述量が群を抜いて多い。

松陰はこの東北巡見の旅の際、斎藤弥九郎(第一章)が創設した練兵館(神道無念流)のネットワークを利用することで、さまざまな人物と交流することができた。弥九郎の長男新太郎《しんたろう》は長州を訪問したことがあり、松陰の兵学門下となっていたのである。この縁で松陰は新太郎を通じて、永井政助や日野三九郎といった水戸藩尊王攘夷派の武士たちにも会うことができた――後述するように、水戸藩は玄武館との関係が深いが、練兵館出身者もいた――。とくに永井の長男芳之助は親身になって松陰を世話した。松陰は水戸の風儀として「他邦《たほう》の人に接するに、歓待甚《かんたい》だあつ」いと記している(「日記」)。なお、余談ながら、芳之助も過激な尊王攘夷派であり、のち天狗党の乱に参加、元治元年(一八六四)に処刑されてしまう。享年三一歳であった。

松陰の短い生涯は旅と留学の連続であった。その目的は〝人物〟と会い、学び、議論することにあった。彼は水戸逗留中、会沢正志斎を六回も訪問している。「日記」には「会沢を訪問するたびに酒が出る」とある。正志斎もこの長州の若い兵学者を歓迎、おそらく評価したのであろう。この時、二人が何を語ったのか「日記」からはわからない。しかし、後述するように、松陰が正志斎より直接、国体・尊王攘夷論と富国強兵の教えを受けたことは間違いない。また、永井たち水戸藩尊王攘夷派からはその熱量を受け継いでいったのであろう。

行動規範となる尊王攘夷

嘉永六年(一八五三)六月三日、ペリー艦隊が江戸湾に入った。これを知った松陰は浦賀に走った。師佐久間象山とともに、ペリー艦隊を観察した彼は「幕吏腰抜」「国体を失」ったと認識、さらに彼我の軍事力の差と、江戸湾海防の脆弱さを実感した(六月二〇日付「兄杉梅太郎宛書簡」)。浦賀において、松陰は尊王攘夷を思想から時勢に対応する行動規範へと転化させ、長州へと移植した。

ペリー艦隊を実見した松陰は、その二カ月後、「将及私言《しょうきゅうしげん》」を執筆した。この建白書の骨子は「君臣上下一体《くんしんじょうげいったい》」論にある。彼は、ペリー来航と幕府の対応を「国家危急《こっかききゅう》」と認識し、親藩・譜代・外様を問わず協議し、海軍を創設すべきである、と語っている。欧米列強の戦艦は日本の沿岸どこにでも来襲することが可能であり、台場の大砲などでは撃退できず、その侵攻を防ぐには、同等の戦艦を保有・運用するしかない、という薄々わかっていたことが、ペリー来航によって、紛うことなき現実となったわけである。個別の湾岸防禦ではなく全国的防衛、つまり国防が必然となった。そのためには中央集権型の政治体制が不可欠なのである。それは、真摯な兵学者松陰の行き着いた論理であった。

さらに、松陰は「君臣上下一体となりて備をなすに非《あら》ずんば」欧米列強と戦うことはできない、と語りはじめる。会沢正志斎の影響である。ただし、この建白書では「君」がいったい誰をさすのかよくわからない――将軍と明言していないのである――。松陰という若者は論理明

2-1　松下村塾(萩市).

瞭な文を書くのであるが、この時期の彼は日本史に疎く、国体論を理解できていない。ゆえに、彼は幕府の相対化と、幕藩体制の否定に帰結する可能性をもつ「君臣上下一体」論の危険性にも無自覚であった。

ペリー二度目の来日の際、下田での海外渡航に失敗した松陰は幕府に自首、嘉永七年一〇月下旬、萩に戻され野山獄《のやまごくじゅろう》入牢となる。安政二年(一八五五)一二月からは、実家の杉家での軟禁《なんきん》となり、その間、松下村塾を運営する。

ペリー来航を経験した彼は、山鹿流兵学(江戸時代型の兵学)がまったく役に立たないことを理解、歴史書を読み始め、日本という

存在を歴史的に理解し国体論を内面化してゆく。松陰二五歳であった。

松陰は二度のペリー来航を「癸丑《きちゅう》・甲寅《こういん》の変《へん》」と呼称し、それを国家的危機と受け止め、安政三年に「講孟余話《こうもうよわ》」を執筆し、以下のように主張している。

> 世界にはさまざまな「体《たい》」があるが、日本の国体がもっとも優れている。欧米列強＝「夷狄」は、キリスト教とアヘンを持ち込み、我が国体を侵そうとしている。ゆえに「夷狄」とは戦うべきであり、そのために、積極的に貿易を行い富国強兵の路線をとるしかない。

実践主体としての長州藩

そして、彼は「将及私言」を著した段階では曖昧であった「君」を、将軍ではなく天皇と位置づけてゆく。会沢正志斎から受け継いだ国体・尊王攘夷論、富国強兵策は「講孟余話」によって、「癸丑・甲寅の変」という時勢を乗り越えるための指針とされ、松下村塾の教育理念となってゆく。そして、行動規範となった尊王攘夷はさらに先鋭化してゆく。

しかし、彼のこの書は山県太華から徹底的に批判される。松陰は自己の思想の普遍化に失敗したのである。彼はそのことに自覚的であり、国体の保全と尊王攘夷を実現するための行動を模索しはじめる。彼はその実践の主体を長州藩に求めた。松陰の実践計画は、欧米列強の軍事力の前に崩れた武威を取り戻すために、柔弱な朝鮮に侵攻し、「違勅」により天皇を軽んじる老中間部詮勝を襲撃すべき、というものとなってゆく。ただし、松陰には幕府を倒す、という意識はなかった。

長州藩は動かなかった。また、松陰の愛弟子である高杉晋作《たかすぎしんさく》・久坂玄瑞《くさかげんずい》らは、朝鮮侵攻策をまったく無視、間部詮勝暗殺に関しては、連名血判により猛反対していた。

致良知と「至誠」の貫徹

周知のように、松陰は安政の大獄により処刑される。彼は、私心なき自己の思想が正しければ、もしくは正しいと認識できれば、行動を起こすべきであり、「至誠《しせい》」を尽くし説明すれば、他者もそれを理解できる、という陽明学の致良知《ちりょうち》・知行合一《ちこうごういつ》を信奉し、「至誠」を自己の生き方としていた。彼は、安政の大獄により伝馬町の獄中で幕府の吟味を受けた時でさえ、私心なき「至誠」を貫けば、幕府役人でも老中暗殺という行動を理解できる、と本気で思っていた。松陰は高杉晋作への手紙の中で「死を決して」時勢を論じ、幕府の政治を諫めたと語っている(「留魂録《りゅうこんろく》」)。なんと楽天的なのであろうか。

安政の大獄による処刑者の罪状は、将軍継嗣への介入とされたが、松陰の場合は長々と処刑理由が記されていた。その理由の一つが「間部詮勝への駕籠訴により、自説を述べようとした」ということであった(「幕府断罪書」)。幕府は老中暗殺計画を隠蔽《いんぺい》したのである。暗殺計画が世間に漏れることを危惧したのであろう。松陰最後の「至誠」は無視された。

尊王攘夷のその後である。「癸丑・甲寅の変」に向き合う中で松陰は、思想としての尊王攘夷を行動規範として位置づけ、松下村塾の若き弟子たちに教え込んでいった。松陰はわずか二九歳で死んだが、彼の教えを受けた高杉晋作と久坂玄瑞は、松陰の期待通りに長州藩政に影響力を振るうようになり、行動規範となった尊王攘夷を政治運動へと旋回させていった。その様相は第三章で述べたい。

水戸藩領の郷校ネットワーク

次に、国体・尊王攘夷論の豪農層・庶民への広がりについて、〃卸元〃水戸藩の様相をみておきたい。江戸時代を通じて、水戸藩内には一五もの郷校が存在していた。天保改革中に四校、徳川斉昭の謹慎処分がとけて、藩政に指導力を発揮した安政期に九校が新設され、古くからあった二校も大きく改編された。そして、高橋多一郎や金子《かねこ》孫二郎《まごじろう》ら、斉昭の影響下にあった尊王攘夷派の郡奉行がこの郷校教育に関与した。なお、この二人は桜田門外の変に関与し、高橋は自刃《じじん》、金子は処刑されている。

安政年間以降、斉昭は郷校を再編増強することにより、弘道館での教育方針を在地社会に浸透させ、国体・尊王攘夷論を基盤にした民衆統合を企図したのである。そして、同時期に具体化した農兵制度と関連させつつ、在地社会を藩の暴力装置の末端に位置づけていった。水戸藩の領域においては、郷校といった豪農層教育機関も国体・尊王攘夷論拡大のネットワークとして位置づけられる。その様相について、大子《だいご》郷校が設置された大子地域(現久慈郡)を事例にみてみよう。袋田村《ふくろだむら》や大子村を中心とするこの地域は、水戸城下から北西に約五〇キロメートル離れた阿武隈《あぶくま》山地《さんち》の南端に位置する山間の盆地である。

弘化元年(一八四四)、徳川斉昭が謹慎処分を受けた際(第一章)、尊王攘夷派の郡奉行は領内の豪農たちを巻き込み、宥免運動《ゆうめんうんどう》を展開した。同年一二月、斉昭の処分は解除される。嘉永二年(一八四九)藩政に復帰した彼は、宥免運動に尽力した豪農らへの論功行賞を実行、大子地域では「名字帯刀御免《みょうじたいとうごめん》」「一代郷士《いちだいごうし》」に任命された者が一〇人以上出ている。

安政二年(一八五五)、北郡奉行に就任し、大子地域を担当した高橋多一郎は、農兵設置に積極的に関与して、郷士を中心に軍事訓練を実施した。また同年、水戸藩はこの地で盛んであった蒟蒻《こんにゃく》の販売を統制、蒟蒻御国会所を設置した。袋田村の名主で、水戸藩尊王攘夷派に共鳴している桜岡源次衛門《さくらおかげんじえもん》がその元締に就任している。

このように大子地域は、水戸城下から離れているにもかかわらず、尊王攘夷派との直接的関係が強く、さらに安政三年に大子郷校が設置されたことにより、国体・尊王攘夷論の受け皿となっていった。このような様相は、同じく郷校が存在した霞ケ浦《かすみうら》北辺にあたる小川地域や北部沿岸の湊地域、そして、南部沿岸の鹿島《かしま》・潮来《いたこ》地域でも同じであった。

なお、先述した桜岡源次衛門は、桜田門外の変後、逃亡していた関鉄之介をかくまっていた。約一年の潜伏期間中、鉄之介と大子地域の人びととの間には文化的交流が行われていた。そして、元治元年(一八六四)、天狗党の乱が勃発、大子地域も大きな影響を受けるのである。これは第四章で述べたい。ただし、以上はいわば国体・尊王攘夷論の〝卸元〟である水戸藩領在地社会の様相であり、安政期にそれが全国の在地社会に広まっていたとは言えない。

剣術ネットワークによる拡散

さきに、吉田松陰が水戸藩士とのつながりを得るきっかけに、練兵館の斎藤新太郎との関係があったことを述べた。松陰は、東北巡見踏査の旅で、会津藩・秋田藩・弘前藩などを訪問するが、それぞれの地で最初に会うのは練兵館に入門した人物たちであった。

当時の江戸には、練兵館のほかにも、北辰一刀流千葉周作が創設した玄武館、鏡新明智流《きょうしんめいちりゅう》の士学館といった大規模かつ著名な道場があり、そこに全国から若者が剣術修行にやって来て、同門による人脈が構築されていた。

千葉周作が徳川斉昭の贔屓をうけ、水戸藩の剣術師範をつとめたいきさつから、水戸藩士は玄武館に留学することが多く、そこは水戸藩尊王攘夷派の拠点となっていった。そして、玄武館に留学した全国の若者たちはそこで国体・尊王攘夷論に染まっていった。たとえば、武州甲山村《かぶとやまむら》(現熊谷市)の豪農根岸友山《ねぎしゆうざん》もその一人である。彼は玄武館で剣術修行してそれに傾倒し、のち、地元甲山に剣術道場を興し、在地社会に、国体・尊王攘夷論を移入すると同時に、治安維持に動き出してゆく。安政の大獄で八丈島へ遠島となった菅野八郎の縁者である太宰清右衛門《だざいせいえもん》もそうである(後述)。このように、江戸の玄武館が国体・尊王攘夷論の剣術ネットワークの核になっており、全国からここに留学・遊学できた若者たちを通じて、その思想は徐々に拡散していった。ただし、それが豪農・農民層にまで浸透し、在地社会に住まう人びとの実践行為に結びつくのは、やはりまだ先のことである。

3　開国を受けとめた社会

ペリー来航と通商条約の調印による諸外国との貿易は、幕末社会に波紋を広げてゆく。それは連続したものであり、その延長に幕藩体制が終焉をむかえるわけである。ここでは開国直後、社会はそれをどう受けとめたのかを考えたい。

勝海舟の慧眼　嘉永六年(一八五三)、老中阿部正弘は米大統領フィルモアの国書を公開した。すると、大名から庶民まで多くの建議書や意見書が提出された。その多くは、わかりやすい和戦二元論となっていた。まず、主戦論の典型として徳川斉昭の意見を紹介したい。同年七月、彼は「海防愚存《かいぼうぐそん》」という一〇カ条に及ぶ建議書を阿部正弘に宛て出した。この建議書を要約すると以下となる。

夷賊との戦闘を主とすれば、天下の士気は高まる。ペリー艦隊の無礼は言語道断の国恥であり、国体をゆがめることになる。アヘン戦争の結果からも明らかなように、夷賊はキリスト教を広め、難題を持ち込んでくる。夷賊は打ち払うべきであり、それは旧来からの伝統である。

まったくもってわかりやすい威勢の良さである。これは、尊王攘夷の〝卸元〟「烈公」斉昭が、夷賊との戦闘を回避するわけにはいかない、という程度のものであり、現実的な内容ではない。この無責任な主戦論は、避戦・穏便策を企図している阿部にとって、至極迷惑な話であった。

いっぽう、まっとうな意見もあった。のち、江戸開城の立役者となる勝海舟《かつかいしゅう》のそれである。この建議書が老中阿部正弘のブレーン大久保《おおくぼ》忠寛《ただひろ》(のちの一翁《いちおう》)に認められ、三〇歳の勝は政治の舞台に登場する。彼は建議書を二点提出していた。一つめの「愚衷奉申上候書付」は、江戸湾防禦に関して軍艦が必須であることを述べたもので、新機軸はない。いっぽう、二つめの五カ条からなる意見書は具体的である。その中で、勝は莫大な軍艦建造費を民への「課役厳酷《かえきげんこく》」にではなく、「交易之利潤《こうえきのりじゅん》」に求めるべきである、と明言している。そして、近隣の中国・ロシア・朝鮮を相手に交易を盛んにすればよい、というプランは抜群の見通しをもったものであった。幕府は〝ウドの大木〟などでなく、実務官僚レベルに豊富な人材を有する大樹であり、ペリー来航以降、勝のように身分を超え抜擢されて幕政をになう人材が登場する。

庶民が見たペリー来航

江戸の庶民も多くの意見を述べていた。神田の町名主であった斎藤月岑《さいとうげっしん》は『武江《ぶこう》年表《ねんぴょう》』続篇で、嘉永六年の江戸の様子として、

「大小名、或は陪臣、其外匹夫《ひっぷ》にいたるまで」「攘夷」「御和親」を論じた建

議書が出、その中には浅草の馬具師の意見のように「抱腹」なものもあった。と、面白おかしく紹介している。なお教科書に掲載された以下の有名な狂歌は、この『武江年表』にも収録されている。

泰平の　ねむりをさます　じやうきせん　たつた四はいで　夜も寝られず

江戸の庶民は瓦版を通じて情報を得て、それをオツな笑いに変えていた。また、「黒船来航《くろふねらいこう》風俗絵巻《ふうぞくえまき》」には、嘉永七年のペリー再来航の際、庶民が艦隊を見物している様子が生き生きと描かれている。嘉永から安政期の社会に、欧米列強との戦争が始まる、といった切迫した雰囲気はなかった。

江戸の情報屋須藤由蔵《すどうよしぞう》が集めた記録である『藤岡屋日記《ふじおかやにっき》』には、「嘉永六癸丑年　亜墨利加《あめりか》江御返翰《えおへんかん》の存意」と題した匿名人物の意見書が掲載されている。その一つには、「小身之我々」はフィルモアの国書を見ることはできないので、世上の風説を聞くだけであり、薄氷を踏む思いである、と記してある。そこには、巷説《こうせつ》がさらなる風聞を形成するという社会情勢が見て取れる。ペリーを乱暴な肴売りにたとえたこの意見書をもう少し紹介したい。

アメリカのやっていることは、見ず知らずの肴売りが、家に入り込んできて、肴を買わなければ座敷に上がり込み暴れるぞ、と居直っているようなものである、これを怒らない人がいるであろうか。このような連中は手に余れば殺すべきである。日本は殺生を嫌うとい

2-2 「黒船来航風俗絵巻」(埼玉県立歴史と民俗の博物館).

えども、「義を見てせざるは勇なし」という言葉もある。「日本」は「神国」であり、「弓矢」「水中の業」にも優れているので、「日本の一人、外国の百人に向かうべし」。

これも、わかりやすい話である。単純で威勢がよいだけに、穏便な見解を封じる圧力をもつ。先にみた徳川斉昭の無責任な政治建議書と通底するところがある。このような攘夷意見に説得力と正当性を与えたのが、日本は神国で戦闘に長じた武威の国、という認識である。なお、付言するならば、この神国・武威の自国優位意識は、一八世紀以降、近松門左衛門《ちかまつもんざえもん》の「国性爺合《こくせんやかっ》戦《せん》」などの浄瑠璃や、鶴屋南北《つるやなんぼく》の「天竺徳兵《てんじくとくべ》衛《え》万里入《ばんりのいり》船《ふね》」などの天徳物《てんとくもの》を通じて庶民の間にも定着していた(序章)。このような自国優位意識が形成される際、〝鏡〟となっていたのは朝鮮や中国であったが、ペリー来航によって、それが欧米列強へと転化したわけである。

ペリー艦隊は江戸湾に居座っている。江戸の庶民はその巨大な黒船を見ることができ、いやおうなく、軍事力の差を実感したわけである。武威に対する誇りは劣等感へと転化し、代わって神国意識が肥大化してゆく。そして、そこから生まれたゆがんだ自国意識は、攘夷と結びつき排他性を強め、威勢のよい意見として庶民の間に浸透していった。江戸の庶民が国体・尊王攘夷論を学んでいたとは思えない。劣等感から起こる排他性は皮膚感覚のような感情として広がっていったのである。

「国」「日本」という意識

同じ嘉永六年の八月、新吉原《しんよしわら》の遊女渡世《ゆうじょとせい》藤吉《とうきち》という人物が町奉行所宛に意見書を出した(「新吉原遊女屋久喜万字上書」)。これは、当時の世相を紹介する際によく触れられるものであるが、やはり簡単に紹介しよう。

何気なく漁業をおこなっている様子で異国船に近づき、異国人の好む品物を与えるなどして懇意にしておいてから、異国船へ乗り移り酒宴たけなわになったところで、事前に調べておいた火薬庫に火をつけると同時に鯉包丁で、異人を片っ端から「切捨」にしてゆく。四〇〇〇人もの人数を集め、しゅび良く火薬庫が火災を起こせば即時に勝利となるであろう。もっとも、自分たちの過半は焼死するであろうが、「御国恩《ごこくおん》」のためであり覚悟は出来ているので勝利は疑いない。

過激かつ奇抜な攘夷プランである。非日常下においては、このような威勢のよい表現、過激な言動が好まれる。そして、これが慢性化すると、社会全体が浮かれ始める。

藤吉が「御国恩」という言葉で、自らの行為を鼓舞していることに注目したい。「御国恩」とは、一八世紀の段階では、幕藩領主が民衆に税負担をかけるなどの際に使用していたものであるが、一九世紀に入ると、民衆がそれを捉え返し、自己の要求を実現する場面において使いはじめていた。それは、いわば慣用句であり、ここにある「国」が、直接国家を表しているわけではない。しかしいっぽう、藤吉はこの意見書のなかで「日本国」という語句も使用しているのである。

社会が騒然としてくると、当然ながら虚報も多くなるが、それを勘案しても、当時の人びとが何を求めていたのか、何に興味をもっていたのかがわかる。たとえば、幕府勘定方大沢賢介《おおさわけんすけ》が、瓦版などを収集して編纂した「波濤新聞《はとうしんぶん》」には、安政六年の風聞として、

夷国は幕府や朝廷まで押しつぶし、夷国よりになった政府を建てようとしている、「日本」は「神国・武国」であるが、当時は奢侈が広がり武は薄くなっている。

といったものが掲載されている。ここでも「日本」という語彙が用いられている。また「神国・武国」という表現もある。先に紹介した遊女渡世藤吉と同じく、ペリー来航を契機に民衆は、自己の暮らす「太平」の空間をひとつのまとまりをもった「国」「日本」として認識しは

じめたのである。ペリー来航は、人びとの世界観をひろげ、庶民が政治的発言をする途を開いた。

貿易の開始
売込商の活躍

安政五年(一八五八)六月に締結された日米修好通商条約によって、自由貿易が始まった。条約規定上、外国人の居留は開港地に限定されて、内地通商も禁止された。つまり、貿易は日本商人が開港地の外国人居留地《がいこくじんきょりゅうち》に商品を持ち込むことによって成り立つわけである。

幕府は同年一二月、開港地横浜への出店奨励の町触を江戸市中に出し、翌年正月には出稼・移住奨励の触書を全国に出した。その直後から、横浜への出店を希望する商人が続出した。輸出品の中心は生糸であり、一〇〇軒以上の生糸売込商が生まれた。

たとえば、製糸業が盛んであった上州の大間々町《おおままち》(現みどり市)からは、藤屋善十郎《ふじやぜんじゅうろう》・吉村屋《よしむらや》幸兵衛《こうべえ》・不入屋伊兵衛《いらずやいへえ》といった三人の商人が横浜に出店した。幸兵衛はわずか二二歳であった。大間々町は銅街道の宿場であり、上州北東山間地域の交通・流通の拠点であった。

大間々町の人びとは、開港直後から横浜に関する情報を集めていた。善十郎ら三人の横浜進出は、町全体の利益と期待に応えるものでもあった。生糸を生産しているのが大間々町周辺の百姓、それを買い付けているのが大間々町の商人で、善十郎ら三人はその商人たちを代表して、売込商として欧米諸国に生糸を輸出していった、という関係である。

ところで、売込商たちはどうやって横浜の情報を得ていたのであろうか。西川武臣さんは、上州吾妻郡中居村《あがつまぐんなかいむら》(現吾妻郡嬬恋村)出身の売込商中居屋《なかいや》重兵衛《じゅうべえ》を分析している(『幕末明治の国際市場と日本』)。重兵衛は安政六年(一八五九)四月に横浜の本町四丁目に店を開き、生糸や茶などの主要輸出品目を扱い、巨額の富を得ていた。彼は中居村の領主である旗本の榊原采女《さかきばらうねめ》や、蘭学者の高島秋帆と特別な関係をもち、さらに幕府の開明派官僚である岩瀬忠震《いわせただなり》・永井尚志《ながいなおゆき》らと蘭学を通じて交流していた。岩瀬は日米修好条約調印の当事者、永井は外国奉行経験者である。二人とも欧米列強の事情に通じた第一級の実務官僚であった。重兵衛は、商機に必須の情報を岩瀬や永井から得ていたのであろう。このように、重兵衛が売込商として成功する背景には、蘭学ネットワークがあった。もちろん、『蘭学事始《らんがくことはじめ》』にみるように、蘭学者たちの交流・ネットワークは、明和から天明期頃(一八世紀後半)にも存在していた。開港後、それが学問の枠組みをこえて機能し始めたのである。

蘭学者ネットワークと格差の広がり

こうして、自由貿易による利潤は在地社会にもまわってゆく。ただし、その恩恵を得られたのは、輸出品の中心となった生糸生産に直結する養蚕・製糸業に関連した地域であった。そして、純度の高い情報をもつ幕府役人と特別な関係を築き得た者のみが、貿易黎明期《れいめいき》に莫大な富を得ることができたのである。開港によって、経済格差と地域格差はいっそう広がってゆく。

4　地震とコレラに直面した人びと

弘化から安政期、欧米列強の接近、ペリー来航という社会不安の中で、地震が多発しコレラも流行、人びとは生命の危機に直面した。安政二年(一八五五)一〇月の江戸大地震直後に刷られた「聖代要廼磐寿恵《せいだいかなめのいしずえ》」には、慶長以来の地震が三三件あげられている。そのうち二三件が安政元年と二年に集中している。もちろん、この刷物は江戸時代の地震を網羅したものではないが、江戸大地震を経験した人びとの記憶の塊ともいえる。こののち、イギリス初代駐日総領事として赴任するラザフォード・オールコックは日本各地を旅行し、地震が頻繁に発生していることに驚愕している(「第九章　日本人の言動」)。

地震を経験した人びとは、その災害を番付として表現していた。そうすることによって、地震の記憶は共有され残り続ける。本書「はじめに」でも触れたが、幕末から文明開化期に活躍した天才噺家三遊亭円朝は、幕末を舞台にした噺を多く創作した。彼の噺にはペリー来航や安政の大獄といった政治事件がほとんど出てこない。ところがいっぽう、明治一九年(一八八六)、「やまと新聞」に連載した「蝦夷錦古郷の家土産《えぞにしきこきょうのいえづと》」では、江戸大地震を丹念に描いているのである。円朝は芸人であり、客の好む噺を創る。円朝がペリー来航や桜田門外の変を語らない、ということは、文明開化期の人びとがそれら政治事件への関心を低下させていた、ということを暗示している。いっぽう、多くの人びとは江戸大地震を〝いっせいに〟体験したわけであり、それが人びとの集合心性と歴史的記憶を形成していた、といえる。

善光寺開帳さなかの直下型地震

弘化四年(一八四七)三月二四日、信州善光寺平《しんしゅうぜんこうじだいら》(長野盆地西部)を震源とし、マグニチュード七・四と推定される直下型地震が発生した。この善光寺地震は「聖代要廼磐寿恵」で「関脇」とされている。つまり、遠く離れた江戸でもこの地震への関心が高かったわけである。それもそのはずで、ちょうど、七年に一度の善光寺《ぜんこうじ》開帳《かいちょう》のさなかであり、全国から大勢の人びとが善光寺参詣に訪れていた。旅籠が密集する地域では、三〇〇〇戸もの家屋が倒壊し、火災も発生、死者八〇〇〇人を超えた。

善光寺への参詣を予定していた人びとが、被災地周辺の様子を見聞きして帰って行った。また、善光寺の本寺筋にあたる上野寛永寺にも早飛脚で状況は伝達された。こうして、この地震の情報は江戸に伝えられ、それが人びとの集合記憶となり「聖代要廼磐寿恵」の「関脇」という表記に繋がったのであろう。

余震と二次災害の恐怖

真田宝物館所蔵「地震後世俗語之種」には、被災の状況が文字と絵によって詳しく記されている。左に掲げた図版は「初編之四」に収められたもので、家屋が倒壊し、火災が発生している中を逃げ惑う家族の様子が画かれている。

2-3 「地震後世俗語之種」(真田宝物館).

また、信州埴科郡森村《しんしゅうはにしなぐんもりむら》(現千曲市)の老百姓中条唯七郎《なかじょうただしちろう》が記した「徒然日記《つれづれにっき》　附《つけたり》　地震大《じしんたい》変録《へんろく》」(以下、「徒然日記」)という史料がある。そこには、地震が発生した三月二四日から一二月一五日までの善光寺平周辺の詳細な情報がのっている。それによると、約九カ月の間に無数の余震が発生していたことがわかる。

地震発生当日(三月二四日)の記述には、「犀《さい》川《がわ》の上流で山が崩壊し川をせき止めた」とある。犀川は震源の善光寺平の中央を貫流し、上杉謙信《うえすぎけんしん》と武田信玄《たけだしんげん》の合戦で有名な川中島《かわなかじま》あたりで千曲川と合流するが、その上流にある虚空蔵山《こくうぞうさん》が地震で大規模に崩壊したのである。犀川はせき止められ、大規模な湛水がはじまった。現在の国道一九号を登った安庭《やすにわ》という地域(現信更町)には、この時の湛水の跡とされる信更涌池《しんこうわくいけ》が現在でも残っている。犀川は深い山地からいっきょに善光寺平に下り出ている。大規模湛水が決壊すれば犀川に大量の水と土砂が流れ込み、犀川は氾濫し大洪水を引き起こすのであった。

余震の連続する中で、人びとは犀川の氾濫を心配し、生きた心地がしない、といった様子が「徒然日記」に記されている。筆記者の唯七郎が居住する森村は、犀川から約二〇キロも離れた山の麓にある。それでも彼は犀川の大洪水を恐れていた。

善光寺平を支配している松代藩は、水没が想定される川中島周辺の人びとに対して、避難を命じていた。人びとは犀川の異常に恐怖していたが、どうすることもできなかった。

四月一三日、一九日間も湛水した犀川は大きな余震の直後、ついに決壊、人びとが予想したように、善光寺平は大規模洪水の直撃を受けた。犀川から五キロほど離れた松代でも水位は六メートルに達した。広範な二次災害が発生したのである。

施行と神仏への祈禱

善光寺は震災直後から、被災者に「救い粥」を施した。また、松代藩は役人を現地に派遣、飯米などの食糧品を善光寺に搬入し救済にあたった。後日、善光寺は参詣人の遺体を埋葬した。現在、善光寺の山門を入って右手の事務局脇には「地《じ》震横死《しんおうし》塚《つか》」がある。この碑は、上田町(現上田市)の豪商土屋仁輔が発願主となり、被災して亡くなった人びとの供養のため、弘化四年に建立したものである。

「徒然日記」には、在地社会の様相を考えるための重要な記述がある。四月一日、名主から「神仏に祈禱せよ」との達しが届いた、というのである。自然災害に遭遇した時、神仏に頼るということは現代でもあるが、地域指導者である名主がそれを命じ、人びとはそれを受け入れているのである。そして、唯七郎は、

> 被害拡大の中、物価の高下に乗じて一儲けしようと企んだ者が、天罰によって打ちこわしを受けた、そのような者は打ちこわされてあたりまえだ、と皆が語っている。

と記している。いつの時代にも、災害の最中に私欲に走るふとどき者が出る。そのようなやからは、暴力による社会的制裁をうけてあたりまえである、という意識が在地社会にあった。

「徒然日記」には、地震の直接被害の家屋倒壊による圧死・焼死、そして二次被害である土石流と洪水により膨大な溺死者が出た、と生々しく記されている。生き残った人びとは余震におびえ続けていた。

2-4　「地震横死塚」(善光寺).

記録される江戸大地震

弘化から安政期、この善光寺地震の他にも、東海地震・南海地震・飛越《ひえつ》地震そして江戸大地震

と、二〇件もの地震が発生した。オールコックが「毎週一、二回地震があった」と語っているように(「第九章　日本人の言動」)、それぞれの本震は、余震をともなっていたわけである。そして、安政二年(一八五五)一〇月二日夜四つ時(午後一〇時頃)、江戸を中心に大地震が発生した。地球物理学者の石橋克彦さんは、それをマグニチュード八・四の直下型であったとし、根津《ねづ》から不忍池《しのばずのいけ》周辺の被害が甚大であり、牛込・市ケ谷・四谷・赤坂・麻布なども、震度五以上の強震であったと分析した(『大地動乱の時代』)。

『藤岡屋日記』には、この江戸大地震に関する多くの情報が集められている。その一つには「雷鳴のようなドロドロという響きの直後に地震が襲ってきた、驚くまもなく土蔵・高塀などが崩れ落ちていった」とあるように、武家屋敷から町人の長屋まで大半が倒壊、火事も起こり大混乱となった。被害は、地盤が軟弱で家屋が密集した下町に集中し、死者約四〇〇〇人、潰家約一万五〇〇〇軒となった。なお、水戸藩尊王攘夷派の中心で藩政を担った藤田東湖と戸田《とだ》蓬軒《ほうけん》もこの地震で圧死した。この二人の死によって水戸藩の内訌《ないこう》は激化、第四章でみるように、この藩は中央政治の舞台から脱落してゆく。

幕府は翌日から、有徳人の施行を奨励しつつ、浅草広小路《あさくさひろこうじ》など五カ所に「御救い小屋」を建て救済活動を開始した。「将軍の膝元」江戸での大災害であり、幕府は迅速に対応した。ただし、「御救い小屋」で実際に施行をおこなったのは裕福な家持層であった。彼らは自身も被災したにもかかわらず、白米や、醬油・味噌などを供出していた。しかしいっぽう、災害と混乱の渦中、抜き身をもって徘徊する「悪党」が出没していた。江戸の治安は確実に悪化していた。

鯰絵ブームとそこに描かれた社会

あたりまえであるが、一九世紀の世界に地球物理学や地震学といった科学は存在しない。当時の人びとは、地震発生の〝合理的〟説明を、大地の底にいる巨大な鯰が体を動かし地震を起こしている、という伝説に求めた。

普段は鹿島神宮《かしまじんぐう》(現鹿嶋市)に鎮座している要石《かなめいし》が、大鯰を押さえつけているのである——要石は鹿島神宮に現存している——。黒田日出男さんの研究によると、この要石は一四世紀(南北朝時代)の段階ですでにそこにあり、室町時代を通じて国土をつなぎ止めるものとして意識されていた、という。さらに黒田さんは、江戸時代(一七世紀後半)に大鯰が地震を引き起こすとみなされるようになった、と論じている(『龍の棲む日本』)。

この時期、江戸をはじめとする都市在住の庶民の娯楽として、時事的かつ風刺的要素をもった錦絵《にしきえ》が大人気であった。江戸大地震の直後から、それに関連する錦絵が多く刷られ、そこには鯰が描かれていた。これらを鋭く分析した富澤達三さんは、鯰絵ブームとも呼べる風潮が起こったが、時間がたつにしたがい、地震鯰《じしんなまず》の表現に変化が出てくる、と読み解いた。地震直後には、「諸神に懲らしめられる地震鯰」など、悪意をこめた表記であたったものが、「職人に歓迎される地震鯰」「世直し鯰」といった善の表現へと転化する、というのである。

2–5　「鯰退治」の絵(黄雀文庫).

一〇月下旬には余震がおさまり、〝復興特需〟により、大工をはじめ江戸の庶民に現金が回り始めた。彼らは大地震を、金持ちの財産を減らし、好景気をもたらす世直しと思っていたのではないか、というのが富澤さんの見解である(『錦絵のちから』)。

前近代の社会において、富裕と貧困とは裏腹の関係以上の意味をもつ。庶民の多くはその日暮らしであり、ごくわずかの有徳人が存在し、富を独占していたのである。江戸大地震は、貧富の差なく〝平等〟に襲いかかった、ように見えた。江戸の庶民は、地震が社会的格差を〝ならした〟と見たわけである。二〇二一年、国立歴史民俗博物館は「鯰絵のイマジネーション」という特別展示を開催した。国内最大級の鯰絵の展示は圧巻であった。展示プロジェクト委員である久留島浩さんは、江戸大地震の鯰絵では「貧富の格差が平されるという意味」で「世直し」「世直り」という思いが意図的に表現されているとして、そこには人びとの「政治的批判の要素」が「内包」されている、とみている(「鯰絵のなかの「世直し」」)。

ポンペと若き医学生たち

二〇二〇年春、わたしはこの『幕末社会』を書き始めた。そして、わたしたちは新型コロナウイルスのパンデミックの渦中にいた。安政五年(一八五八)にもパンデミックが発生した。コレラである。

コレラはもともとインドの風土病であったが、一九世紀における欧米列強の植民地拡大と開発によって、全世界に広がっていった。ロベルト・コッホがコレラ菌の純粋培養に成功するのは一八八三年である。それ以前の世界には、決定的な治療法は存在しなかった。

文政五年(一八二二)、はじめてコレラが日本を襲った。このコレラは中国から朝鮮、対馬を経由し長崎に上陸、東海道に及んだあたりで沈静化した。そして、三六年後の安政五年、再びコレラが上陸した。

安政五年五月、アメリカの軍艦ミシシッピ号の船員が上海でコレラに感染し、そのまま長崎に入港、罹患した船員とともにコレラは上陸した。長崎におけるコレラ流行の様相については、松本良順《まつもとりょうじゅん》の『蘭疇自伝《らんちゅうじでん》』が詳しく、臨場感もある。

当時、長崎には海軍伝習所が設けられ、医学伝習所も開設されていた。安政四年、オランダ海軍軍医ヨハネス・ポンペ・ファン・メーデルフォールトが来日し、医学伝習所の学生にオランダ医学を教授した。ポンペの学生の中には、のち幕府の奥医師《おくいし》となる若き日の松本良順がいた。ポンペは上海で大流行しているコレラが日本に伝わると考え、それへの対応を準備していた。彼の予見は的中した。ポンペと良順ら若き医師たちは、懸命な医療活動を行った。ポンペ二九歳、良順二六歳の夏であった。

ポンペから長崎奉行に宛てた報告書には、六月二日だけで二〇人から三〇人の患者が発生した、とある。良順の自宅がコレラ病院となった。この病院の目的は、隔離ではなく治療とされ、ポンペと良順ら医学伝習所学生、さらに長崎の医師たちが献身的な治療にあたった。彼らはポンペの指示により治療にキニーネを用いて、一定の効果を上げ、一〇月頃には長崎のコレラは沈静化した。

長崎の人口約六万人のうち、患者数は一五八三人にのぼった。死亡率五五・五％となったが、ポンペと弟子の治療した患者では死亡率は三六・四％に抑えられていた。コレラ菌が発見され、血清療法《けっせいりょうほう》が生まれる以前において、この数字は驚異的な成果とされている。

緒方洪庵の奮闘

ポンペは、日本国内において大規模感染が起こると予測、長崎での治療成果を広くつたえるためにコレラの病状の解説書を急遽作成し、各地の医師に配布した。大坂の緒方洪庵《おがたこうあん》もそれを手にした。洪庵は著名な医師かつ蘭学者であり、大坂で適塾《てきじゅく》を主宰していた。

幕末社会を考えるにあたり、適塾にも簡単に触れておきたい。適塾には全国から身分を越えて優秀な若者が集まり、門人の総数は一〇〇〇人といわれた。その中に大村益次郎《おおむらますじろう》・福沢諭吉《ふくざわゆきち》らがいた。塾の教育は語学・医学のみならず自然科学・兵学といった蘭学全般に及んだ。ここでの塾生たちの生活は福沢の『福翁自伝《ふくおうじでん》』に詳しくある。とくに、成績考査は厳格であった。

時勢は洋式兵学の知識を希求するようになり、適塾の優秀な学生には身分にかかわらず〝立身出世〟が可能となった。幕末、若者の将来に蘭学という途が拓けたのである。ただし、適塾に入学し勉強を続けるには、経済力さらに高度な蘭学修養の能力と努力が必要であり、その途は至極狭いものであった。

はなしをコレラに戻す。安政五年八月から、大坂でもコレラの流行は始まっていた。洪庵はそれに立ち向かった。彼は、トラ・オオカミのように恐ろしい病という意味をこめ、コレラに「虎狼痢」の字を当て――この表記も一般に広まった――、『虎狼痢治準《ころりちじゅん》』を刊行、全国の医師に配布した。洪庵はこの書で、ポンペの療法処置に一定の有効性を認めつつも、兆候・経過予後・処置ともに、あまりに簡略すぎ、医療実践として難があるとして、病理観察にもとづき、病の経過ごとに処置方法を細かく指摘し、回復後の注意事項までも詳述した。

この書を手にした松本良順は、師ポンペが侮辱された、として書簡で洪庵に抗議した。適塾を主宰し、蘭学の大家となっていたにもかかわらず洪庵は、自分よりも二〇歳以上若い良順の抗議を受け入れ『改訂虎狼痢治準』を刊行し、ポンペを傷つけてしまったことを謝罪した。しかし、ポンペの処置に対する疑念と批判に関しては自己の見解を訂正していない。わたしは、そのことを木下タロウさんの研究から知り、洪庵の奮闘を思う時、医師としてさらに研究者としての姿勢に心から畏敬の念を抱いた。

七月、コレラは江戸に入った。流行は築地《つきじ》や佃島《つくだじま》などの沿岸地域からはじまり、八月のピーク時には、江戸近郊地域にまで拡大した。江戸でのコレラによる死者は三万人から四万人にものぼった。死体が多すぎ処理できず、千住《せんじゅ》や小塚原《こづかっぱら》に放置されてしまい異臭が発生、江戸の医師たちの間では、この臭気に触れた者はコレラに感染するのではないか、との懸念も広がった。

二〇二〇年以降、新型コロナウイルスのパンデミックの渦中、世界の医療従事者の命がけの格闘が連日続いた。幕末社会、ポンペ・松本良順・緒方洪庵以外にも、コレラ治療にあたった無名の医療従事者が数多くいたのである。

さてでは、庶民はコレラをどう受けとめたのであろうか。柿本昭人さんは、安政コレラに直面した人びとの意識を二点にまとめている(『健康と病のエピステーメー』)。一つは「つきもの」、もう一つは「仕切《しき》り」である。

「つきもの」「仕切り」という理解

「つきもの」とはコレラを狐憑《きつねつき》の一種とみなす理解である。安政コレラに関する庶民情報をあつめた「安政午秋頃痢流行記《あんせいうまのあきころりりゅうこうき》」は、コレラの猛威で死人が多数出ている江戸の様子を描いているが、後半には狐憑の話を多く掲載している。そして、「仕切り」とは、この世とあの世との境がゆらぎ、本来、異界にあったコレラがこちら側の世界に侵入してきた、という理解である。これについては宮田登さんも『江戸のはやり神』で触れている。

人びとはこの得体の知れない「虎狼痢」にかからないために、神仏にすがり守札を貼り、また「虎狼痢」追放の祈禱を行い、大勢集まって獅子舞や神輿などを催し、邪気を払っていた。コレラへの恐怖が徒党により熱気をおび制御できなくなる、とみた幕府は集会を禁止している。ちなみに、祈禱そのものは許可されている。

人びとは開港によって、コレラは異国からもたらされた、と漠然と考えていたようである。「安政午秋頃痢流行記」に、コレラが長崎出島から始まった、とあるように、当時の人びとはある程度の情報をもっていたといえるが、海外から「異人」が入ってくることによって、内なる世界がおかしくなった、という皮膚感覚の解釈も行われていた。たとえば、北東関東、筑波《つくば》山麓《さんろく》のある村には、村の西側を流れる鬼怒川《きぬがわ》の河岸周辺を若者たちが毎晩監視していた、との伝承がある。得体の知れぬ恐ろしい「虎狼痢」が海から入り、川をつたって自分たちの村にやってくる、という意識である。柿本さんの整理にある「仕切り」の根源にはこのような恐怖の集合心性があったのかもしれない。

コレラに対する温度差

近代社会における衛生観念は文明と科学のもとに生まれた。国民の健康こそが富国強兵を支える、との定義によって、国家は衛生観念を社会に浸透させていった。そして、疫病は撲滅すべき対象とされ、そのために科学が動員された。しかし、前近代社会に生きる人びとは、原因不明の疫病に恐怖しつつも、それとともに生きるしかなかったのである。

安政コレラについて、わたしは『藤岡屋日記』を確認してみた。しかし、その記載はほとんどないのである。安政江戸大地震に関しては膨大な量の情報を掲載しているにもかかわらず、である。疫病は体力のない者に襲いかかる。とくに、低湿地に密集して暮らし、粗食により消化機能が低下している都市貧困層がコレラの直撃を受けた。コレラ罹患には社会的階層性が反映されていたのである。一九世紀前半のヨーロッパにおいて、コレラは不潔・極貧と同義とみなされており、当時の日本でも同様の傾向が少なからずあった。『藤岡家日記』にコレラの記載がほとんどないということは、編纂者の須藤由蔵が、コレラを身近なものと意識せず、さらにそこに情報としての価値を見いださなかったからにほかならない。しかし、コレラは安政期だけで終わらず、明治時代以降も流行するのである。

5 「強か者」の登場

この時期、幕藩領主の支配におとなしく従い、自らを取り巻く社会状況を受忍するのではなく、強固な自己主張をおこない、自らの環境を変えようと主体的に動く百姓たちが現れてくる。

幕藩領主にとって彼らの存在は潜在的危険となった。また、周囲は彼らを疎ましく思うこともあり、「強か者《したたもの》」と呼んだ。ここではとくに、強固な自己主張と主体的行動という側面に着目して、三浦命助《みうらめいすけ》・菅野八郎《かんのはちろう》・松岡小鶴《まつおかこつる》という三人の人物を紹介し、そこからみえてくる社会の様相を考えたい。

盛岡藩という問題群

東北地方の太平洋側では、初夏の冷たい東北風(ヤマセ)による冷害が発生する。現在の岩手県から青森県の太平洋側を領域とする盛岡藩《もりおかはん》(南部藩《なんぶはん》)では、江戸時代を通じて一五〇件もの百姓一揆が発生した。隣接する仙台藩での百姓一揆はわずか数件であることからみると、盛岡藩の発生数は異常であり、かつ、その原因が冷害だけでないことを暗示している。

寛政五年(一七九三)、幕府は盛岡藩に蝦夷地《えぞち》警備を命じた。文化五年(一八〇八)、その実績が評価され、この藩の表高はいっきょに二倍の二〇万石に引き上げられた。ところが、ばかばかしいことに、実際の領知は加増されていないのである。表高の上昇は、大名の家格にかかわることであり、軍役賦課の増大のみならず、それに見合ったさまざまな諸負担が増加する。盛岡藩はそれら諸負担を領民に転嫁した。

さらに、天明期(一八世紀後半)以降、盛岡藩では御家騒動や家臣たちの権力闘争が続き、藩政は紊乱しきっていた。そして、天保の飢饉が発生、盛岡藩領の在地社会は疲弊していた。にもかかわらず、比較的現金収入が多いであろう、と目をつけられた三閉伊通《さんへいどおり》(北上川東岸から三陸海岸)には、御用金などの課税負担が多くかけられたのである。

弘化の三閉伊一揆 続く藩政紊乱

弘化四年(一八四七)、ついに三閉伊通の百姓たち約一万二〇〇〇人は、盛岡藩の支藩である遠野南部家《とおのなんぶけ》に課税免除の強訴を行った。それは、遠野南部家の力を借り盛岡藩を動かそうという戦略であり、うまくいくかのようにみえた。盛岡藩は苛政の中心にいた家老横沢兵庫《よこざわひょうご》を罷免、藩政紊乱の原因となっていた藩主南部利済《なんぶとしただ》を隠居とした。しかし、肝心の課税免除に関してはうやむやのままであった。三閉伊地域の百姓たちはごまかされたのである。

さらに、藩政の紊乱はいっこうに収まらなかった。利済は隠居したにもかかわらず権力を掌握し続けた。新藩主となった利義《としとも》は、利済とその取り巻きに妨害され、独自の政治を行えず、一年で引退、利義の弟である利剛《としひさ》が藩主に就いた。わずか二年で藩主が三代かわったことになる。藩政の刷新、農政の抜本的改革など行われるはずはなかった。当然、三閉伊通の困窮は続いた。

嘉永の三閉伊一揆 領主交替を要求

嘉永六年(一八五三)五月、三閉伊通ではふたたび百姓一揆が起こった。これを、嘉永の三閉伊一揆と呼ぼう。三閉伊通の百姓たちは、もはや遠野南部家も含め盛岡藩をいっさい信用しなかった。約八五〇〇人の百姓は、なんと仙台藩領への逃散・強訴を企図したのである。仙台藩への訴状の骨子は、三閉伊通の百姓をすべて仙台藩伊達家の百姓にしてもらいたい、もしそれが不可能ならば、伊達家の尽力で三閉伊通を幕領にするよう幕府に推挙してもらいたい、という驚くべきものであった。

この一揆には大勢の若者が参加、彼らは茜《あかね》と白の襷をつけ、仙台藩領まで移動する一揆勢を左右から護っていた。一揆勢が釜石《かまいし》(現釜石市)を通過し、盛岡藩領を抜け出す場面において、盛岡藩の役人たちは仙台藩領への通行を阻止しようとした。これに対して「力強き若者共」が、「貝を吹き杖をふり声をかけ」役人たちを脅し、一揆勢はなんなくそこを通過した(「金浜邑同道ニて押立候諸願出日記」)。宮古《みやこ》(現宮古市)近辺でも、盛岡藩の役人が防衛線を敷いていたが、茜と白の襷をかけた若者たちは、この三〇人ほどの役人を追い散らし、石礫《いしつぶて》を投げかけていた。

秩序ある行動と若者たち

仙台藩への強訴というもっとも重要な局面で、四五人の総代が選ばれた。総代の中心は四〇代から六〇代の年寄たちであった。経験豊かな者が組織の中核を担い、若者たちは年寄の統制のもと、実力行使部隊として位置づけられていたのである。嘉永の三閉伊一揆の目的は、仙台藩という大藩の仁政にすがり、領主の変更を訴えることにあった。ゆえに、一揆の戦術と行動には秩序と行為の正当性が担保される必要があった。

当然ながら仙台藩が、大名支配の変更などという幕藩制支配の根幹にかかわる要求を受け入れるわけはなかった。そうこうしているうちに、幕府がこの一揆を知るところとなり、その結果、藩政紊乱の元凶であった南部利済は幕府によって謹慎とされた。そして、盛岡藩は二〇〇人以上の関係役人を処罰せざるを得なくなった。

これほど大規模な一揆が起こったにもかかわらず、百姓たちに処罰者は出なかった。しかし、南部百姓たちの願いは無視された。弘化から安政期の社会を考えるにあたり、嘉永の三閉伊一揆をどう位置づけるかが問題となる。これも天保期以降にみられる多様な一揆のあり方として理解したい。南部の百姓たちは当該領主をまったく信頼していない。しかしいっぽう、隣国大藩の仙台藩への期待が膨らみ、より上位の政治主体である幕府への信頼は強固であった。南部の百姓たちが幕藩領主を総体として否定しているわけではなかったのである。

「たった一人だけの一揆」

嘉永の三閉伊一揆における頭取の一人が、これからみてゆく三浦命助である。深谷克己さんは、命助の生涯を詳細に分析し、彼を嘉永という時代の中に位置づけ『南部百姓命助の生涯』を叙述した。この書に導かれ、また命助が残した「獄中記《ごくちゅうき》」と呼ばれる史料から彼の生き様を分析し、そこから、この時期の人びとの心性と社会の様相を考えてみたい。

命助は文政三年(一八二〇)、三閉伊通の山間地域に位置する上閉伊郡栗林村《かみへいぐんくりばやしむら》(現釜石市)に誕生した。生家の三浦家は、大家族のため裕福ではなかった。彼は幼少期から栗林村を離れ、遠野町の小沼八郎兵衛《おぬまはちろうべえ》のもとに住み込んで、四書五経《ししょごきょう》を学んだ。一七歳の時に天保飢饉を経験、当主になってからは農間余業を行い、盛岡藩領を越えて活動した。このように、命助は一揆の頭取になる以前から、栗林村を越えた外の世界での活動を経験していた。

一揆鎮静後、命助も捕縛されることはなかった。しかし、彼はその後の村方騒動《むらかたそうどう》に関連して、在地社会から疎まれ、また代官所の追及を受けたため、嘉永七年(一八五四)、家族を残し出奔、明英《みょうえい》と名乗り、修験者《しゅげんじゃ》として仙台藩領で暮らしていたが、やがて京都にのぼり、献金によって公家二条家《にじょうけ》の家来となる。その間、彼は一度、金策のため栗林村の実家にもどっていた。

安政四年(一八五七)七月、三七歳になった命助は盛岡藩領に戻ってきた。彼は、武士の身なりをして大小を帯び、家来を二人連れ「二条殿御用」の目印を立てていた。命助のこの奇怪な行動は、不可能であった三閉伊通の幕領化を、二条家の家来という社会的地位を手に入れることによって実現しようとするものであった。深谷さんは、それを「たった一人だけの一揆」と表現している。それは、かつて頭取であった命助の晴れの再登場となるはずであった。しかし、彼は事を起こす前に、盛岡藩役人に捕縛され、盛岡城下の牢につながれてしまう。

「極楽世界」を求めて

命助は盛岡城下の獄中で、四冊の日記「獄中記」を執筆した。一冊目・二冊目は、百姓として生きる戒めが中心となっており、子孫の繁栄を意識した楽観的な内容となっている。ところが、安政六年(一八五九)九月以降、彼は死を意識しはじめる。この頃執筆した「獄中記」三冊目・四冊目では、叙述の雰囲気に変化が起こっている。「ころされ申候はば」という文言が多く出てくるのである。そして、命助は家族に対して、南部を捨て江戸に出て豆腐屋を始めることを勧めている。彼は幕府支配の中心地江戸に「御江戸」と敬称をつけている。命助は「たった一人だけの一揆」でも三閉伊通の幕領化に失敗した。せめて家族は盛岡藩の支配をのがれ、幕府の支配する「御江戸」へ移住させたい、との思いがそこには込められている。

「獄中記」では、子孫に「極楽世界《ごくらくせかい》」で安寧に暮らしてもらいたい、という願いと、幕府への肥大化した期待とが矛盾なく語られている。命助は文久四年(一八六四)二月、六年八カ月にも及ぶ獄中生活の末衰弱し、四五歳で牢死した。

よりよい未来のために

命助の生涯には、江戸時代の残酷かつ理不尽な現実が凝集されている。しかし、その中で彼は、現状を打開する方策を懸命に探していたのである。その一つが集団での一揆であり、最後の手段が公家という権威に依拠した「たった一人だけの一揆」であった。「二条殿御用」の目印を立てて帰郷するなど、その行為はあまりにも滑稽かもしれない。しかし、彼は自己の経験と知識のかなう限りで、三閉伊通の幕領化という現状打破のための方策を立てていたのである。「極楽世界」にたどり着くためにとった命助の主体的な思索と行動は、嘉永の三閉伊一揆の頭取となって以来、一貫していたのである。

先述したように、この時期の盛岡藩の在地支配は最悪であった。そこに生きた百姓たちは、当該領主の支配を否定しはじめたが、その帰結するところは、より上位権力である幕府への過剰な期待となっていた。しかしだからといって、それを冷徹に時代の限界、としてよいものであろうか。命助の生き様には、家族と家の未来の安寧を求めつづけた「強か者」の姿がある。

2-6　三浦命助の碑(釜石市栗林町).

この時期、ペリー来航から横浜開港、安政の大獄と激動の幕が開いた。しかし、南部の百姓たちや命助は、そのような〝中央政治〟とまったく関係なく、自分と家族の〝よりよい未来〟のために闘っていたのである。

楽観的であった「獄中記」の記述が死を意識したものへとかわってゆく。絶望と向き合った命助は、幕府よりありがたい「神」はない、と語る。庶民・民衆にとって権力とはいったい何であろうか。命助が獄中で記したこの一文を見据え、歴史とそこに生きた人びとと向き合ってゆくことが歴史学徒の使命であろう。

信達地方の菅野八郎

一九九〇年代、高校日本史教科書のペリー来航の場面には、東北地方の百姓が描いたペリー像が掲載されていた。

その百姓とは、これから紹介してゆく菅野八郎である。わたしは、二〇〇四年から六年間、杉仁さんたち六人の仲間と、菅野八郎という東北地方の百姓の半生を分析し、彼が活動した嘉永期から明治初年という時代を考察する共同研究を行った（『逸脱する百姓』）。手弁当での調査は、彼の流刑地八丈島にまで及んだ。そこから見えてきた八郎とは、じつに魅力的な「強か者」であった。

文化七年（一八一〇）、八郎は陸奥《むつ》伊達《だて》郡《ぐん》金原田《かなはらだ》村《むら》（現伊達市）に生まれた。幕府の蝦夷地政策の影響から金原田村の支配は転変し、安政二年（一八五五）から廃藩置県までは松前藩支配下（飛び地）であった。

八郎が活動した信達《しんたつ》地域（現伊達市周辺）は、製糸業と養蚕業が盛んであり、金原田村の西方には奥州街道が通り、阿武《あぶ》隈川《くまがわ》を利用した舟運も発達していた。そこに暮らす人びとは、在地社会を越えて、広く経済・文化活動を展開できたのである。八郎もその一人であった。

「強か者」の親子

菅野家は裕福ではなかった。ところが、文政一一年（一八二八）三月、当主の和蔵は「入《い》れ札《ふだ》」という選挙によって金原田村の名主に就任した。彼は自己主張と行動力の人であり、寛政七年（一七九五）七月には江戸に出て、奥羽地域で広く行われていた間《ま》引《びき》を根絶するための法度を発令してほしい、と老中戸田《とだ》氏教《うじのり》に駕籠訴するほどであった。

八郎はこの父和蔵を尊敬し育った。のちに八郎も駕籠訴を決行するが、それは父の影響といえよう。

この親子の駕籠訴という行為は、たんなる社会正義の希求というだけではない意味をもっていた。それは、在地社会の中で他者との差異化を図り、菅野家の存在意義を高め、さらに個人の名を近隣に響かせたい、との思いである。江戸時代、在地社会の内部はのどかな農村などではなく、家格をめぐる競争や相互比較の意識が強烈であった。八郎は他者に抜きん出る行為を「自満《じまん》」と直截に表現していた(「菅野実記」第一)。東北地方の在地社会に、強烈な自己主張をもった八郎という「強か者」が出てきたのである。

2-7　菅野八郎が描いたペリー像(「あめの夜の夢咄し」福島県歴史資料館「菅野隆雄家文書」1).

世界観を広げる八郎

ペリー来航の情報は信達地域にも伝わった。八郎は、それに過敏に反応、「東照太神君《とうしょうだいしんくん》」の「霊夢《れいむ》」を見、徳川家康の神託を受けたとして、意見書「あめの夜の夢咄し」を作成した。そして、嘉永七年(一八五四）二月、この意見書をもって、老中阿部正弘への駕籠訴を決行するのである。彼はこの行動にあたり遺書を書き残していた。駕籠訴という行為が死に直結するわけではない。八郎の言動はつねに芝居がかっていて面白いが、当人は本気であった。

駕籠訴ののち、彼は宿預けとなったが、本人の言によると、勘定奉行の指示によって、箱訴の形で献策し直したという。意見書は、夢に「東照太神君」が現れて「異国之夷」が日本を侵略しようとしている、と告げたと始まり、日本中が「東照太神君」への信仰を強くし、「御国恩」に報いれば天下泰平は続く、といった仕様もない内容であるが、八郎にとって駕籠訴（箱訴）は在地社会で他者に抜きん出るための「自満」の行為であった。

金原田村にもどった八郎は、幕府からの呼び出しを待っていた。もちろん幕府は無視した。プライドが高く自己肯定感の強い――彼が著した書、および彼の行動からそう判断できる――八郎にとって、それは屈辱であったろう。それにしても、なぜ八郎はこのような行動に出たのであろうか。

駕籠訴以前から、八郎は在地社会においてさまざまな自己主張を行い、トラブルを解決しようとしてきた。在地社会に限定されていた彼の活躍の場や思考の対象、つまり世界観が、ペリー来航を契機として拡大されたのである。八郎は世界地図を描き、またはるか彼方の「北アメリカ」から訪日した「ペリー提督」個人に対しては「大州之将」であると絶賛している。「強か者」八郎は在地社会を越え、天下国家を意識しはじめたのである。

身上がりを希求

八郎には太宰清右衛門という義弟がいた。この人物も波乱の人生をおくった。太宰家は保原町《ほばらまち》(現伊達市)で淀屋という真綿糸問屋を経営する豪商で、江戸本石町《ほんごくちょう》に支店を出していた。清右衛門は地元の本店を弟に譲り、江戸店《えどだな》の店長に収まり、玄武館に通うようになる。先に触れたように、そこは水戸藩尊王攘夷派の拠点であった。清右衛門も尊王攘夷に傾倒、献金によって水戸藩士の身分を獲得し、安政の大獄の際には幕府にマークされるほどの活動家となる。彼は桜田門外の変に関与し、その後、天狗党の一員として幕府と水戸藩保守門閥派から追われ、元治元年(一八六四)一〇月、穴倉《ししくら》(現かすみがうら市)の杲泰寺《こうたいじ》で自害している。

豪農や百姓が尊王攘夷運動に参加し、独自の社会的ネットワークを形成して、過激に行動しはじめるのは、次の第三章でみるように文久期である。清右衛門は水戸藩士へと身上がりしていたのであり、他者もそれを認めていたのである。彼の一連の政治行動は水戸藩尊王攘夷派としてのそれであった。それはともかく、八郎はこの義弟に強く影響をうける。安政二年(一八五五)、八郎は、水戸藩への仕官を企図、自筆の「秘書後之鑑《ひしょのちのかがみ》」を清右衛門に送り仲介を頼んだ。この時、八郎は四五歳、分別できる大人である。この行為は若気の至りという軽率なものではない。世界観を広げた彼は天下国家を意識しはじめ、本気で身上がりを希求していたのである。

しかし、清右衛門は八郎の世話をする余裕などなかったのであろう。八郎は水戸藩への仕官に失敗する。

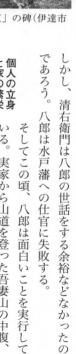

個人の立身と家の繁栄

そしてこの頃、八郎は面白いことを実行している。実家から山道を登った吾妻山の中腹、金原田村の美田を眼下に臨む山道に「八老魂留此而祈直」と刻んだ石碑を作ったのである。そこには、八郎本人は水戸藩に仕官して金原田村を出て行くが、魂は村を護り続ける、という思いが込められている。さらに、彼は「半夏生不順《はんげしょうふじゅん》ニ曰《いわく》」という短い書を菅野家に残した。それは、農業出精の重要性を説き、季節ごとの注意事項を細かく記したものである。

2-8 「八老魂留此而祈直」の碑(伊達市保原町金原田).

水戸藩への仕官という、身上がりを本気で希求する八郎であるが、それは彼個人の立身のことであり、菅野家は金原田村の百姓として永続してゆくのである。先祖顕彰も行ってきた八郎は菅野家将来の繁栄を祈念していた。

安政の大獄の際、八郎は「秘書後之鑑」の存在を証拠として、清右衛門の関係者とみなされ、安政五年(一八五八)一二月から翌年四月までの間、伝馬町の獄に入れられた。同時期、そこにはあの吉田松陰もいた。松陰は、安政六年八月一三日「久保清太郎・久坂玄瑞宛書翰」で、なんと八郎に触れ、「逃亡した太宰清右衛門の人質として捕らえられている」と憐憫《れんびん》の情をにじませている。

八郎は政治犯として入牢されたと自負しており、水戸藩の面々と同じ空間にいるということを「自満」の一つとしていた。しかし、彼は国体・尊王攘夷論にまったく興味を示していない。彼は「強か者」ではあっても、政治的体質は持ち合わせていなかった。伝馬町の獄中でも八郎は楽観的であったが、八丈島への遠島とされてしまう。その地で彼は特異な経験をして、なんと帰郷を果たすのである。その後の八郎の話は、第四章でみていきたい。

『故郷七十年』播州の松岡小鶴

柳田國男《やなぎたくにお》が晩年、自身の足跡を記した『故郷七十年』には、幕末に生きた女医の話が出てくる。名前は松岡小鶴、國男の祖母である。彼女は文化三年(一八〇六)、播磨神東郡田原村辻川《はりまじんとうぐんたわらむらつじかわ》(現福崎町)に生まれ、この地で生きた。辻川は姫路城下(現姫路市)から但馬《たじま》街道(現国道三一二号)を二〇キロほど北上した在地にある。そこは寒村ではなく、人の往来も盛んであり、明治期には郡役所が置かれていた。

天保二年(一八三一)、小鶴は中川至《なかがわいたる》を婿養子とし結婚、翌年には長男文(のち操《みさお》、柳田國男の父)が生まれているが、夫婦の関係は良好ではなかった。小鶴の父義輔《よしすけ》も至を嫌い、天保九年に夫婦は離縁している。その後、彼女は再婚せず、辻川の地で義輔の跡を継ぎ女医として一人息子文を育ててゆく。柳田によると、小鶴は医者としての腕前も世渡りも下手であったらしい。

小鶴のエネルギー

小鶴を研究している門玲子さんによると、村医者としての松岡家には多くの漢方医書があり、小鶴は幼少の頃からこれらの漢字書物を読み育った、とのことである（『幕末の女医、松岡小鶴 1806–73』）。小鶴は漢詩を得意とし、晩年には辻川で漢学の私塾を開いていた。ただし、松岡家は彼女の祖父の代に没落し、そこから困窮が始まっていた。

ここで、一般論を二つ述べたい。一つめは、江戸時代の文化受容について、身分さらにその内部の階層が関係した、という点である。在村文化《ざいそんぶんか》という独自の研究領域を拓いた杉仁さんは、一九世紀、在地社会の最上層が漢詩を、上層が和歌を、そして中層が俳諧を、といった実践のランクが生まれ、それぞれが文化圏を形成し、互いに交わることはほとんどなかった、と実証している（『近世の地域と在村文化』）。

二つめは、江戸時代の女性たちの読み書きについてである。彼女たちのそれは、仮名文字中心であり、ゆえに在地社会において教育を受けたのち、知的世界に興味をもった女性たちの多くは、和歌を鑑賞し創作するようになってゆく。さらに、国学に関心をもつ者もいた。そして、文久期になると、野村望東尼《のむらぼうとうに》や第三章で登場する竹村多勢子《たけむらたせこ》のように、国学への傾倒から尊王攘夷運動に参加する者も出てくる。

いっぽう、小鶴は漢詩の世界に没入し、在地社会から出ることはなかった。そして、彼女のエネルギーは一人息子文の教育へと向けられた。

期待する母

『故郷七十年』には、文が九歳の時から小鶴の熱心な教育が始まり、その結果、文が一一歳になった頃、漢詩に見るべきものがあった、と記してある。文は成長したのち、母の漢詩や書簡をまとめ「小鶴女史詩稿《こつるじょししこう》」という冊子を編纂した（安政二年〈一八五五〉。以下、「詩稿」）。以下この冊子を分析してゆきたい。

天保一五年（一八四四）、小鶴は一一歳になった文を辻川から約三〇キロ南下した加古郡安田《かこぐんやすだ》村《むら》（現加古川市）の医師梅谷恒心《うめたにこうしん》の塾に入れた。彼女は最愛の文と離れて暮らすことになる。「詩稿」所収の「南望篇」は文への書簡を収録したものとなっている。最初の書簡には、師匠の教えをよく守り医学の技も磨くように、とある。

2–9　松岡小鶴の肖像（個人蔵）.

この頃、小鶴は家業の村医者を文に継がせることを企図し、彼の力で松岡家を再興させることも期待していたようである。そして、くどいほど勉学に励むことを示唆している。文は母親の期待にこたえ、儒学の基礎と漢文学習に能力を発揮し始める。

松岡家と文

その後、小鶴と文は姫路藩儒者角田義方の知遇を得ている。「与児書」という漢詩には、義方が文の才能を評価し「本藩之校」への入学を勧めたとある。また他の書簡には、文が「仁寿山《じんじゅさん》」で勉強する、ともある。「本藩之校」と「仁寿山」とが同じ学校を指すのか、判断は難しい。「本藩之校」とは藩校である好古堂《こうこどう》のことであろう。好古堂は藩主酒井忠恭《さかいただずみ》が寛延二年(一七四九)に開いた藩士教育のための藩校であり、高度な儒学を教授する場であった。百姓身分かつ一〇代の文がそこに入学できたのか疑問である。

「仁寿山」とは仁寿山黌《にんじゅさんこう》のことであろう。それは、文政四年(一八二一)に姫路藩家老河合道臣《かわいひろおみ》が開設した私塾で、姫路城から南東に三キロほど離れた仁寿山麓の農村にあった。しかし、天保一三年(一八四二)には廃校となり、好古堂に吸収された。ただし医学教育部門は医学寮として仁寿山麓で存続していた——現在、その跡地には案内板だけが建っている——。つまり、小鶴が書簡に記した「仁寿山」とはこの医学寮をあらわしているのかもしれない。先述したように、小鶴は文に村医者を継がせたかったのであるから。

しかしいっぽう、角田義方が文の才能を高く評価し、好古堂に入学させた可能性も捨てきれない。弘化四年(一八四七)の小鶴の書簡には、一五歳になった文が姫路藩主酒井忠宝《さかいただとみ》の前で書を講じた、とあるからである。なお、『故郷七十年』には、文について、角田という先生の娘婿、田島家の弟として一時籍を入れ、田島賢次という名で仁寿山というところや好古堂という学校で修業した。

とある。残念ながら、史料的制約からこれ以上の考察は不可能であった。

いずれにしても、わたしが重視したいのは、この頃から、文に対する小鶴の期待が変化している点である。文が姫路で学んでいる頃の書簡「上角田先生書」には、医学ではなく儒学での大成を期待している様子が記され、「文が儒者として新しく一家を興したならば、自分は死んでもかまわない」とある。この頃、小鶴は四一歳になっていた。彼女は一人息子の才能を理解し、彼が村医者という家業を捨て、新しい儒者という家業をもつことに期待をかけているのである。ただし、家意識を欠落させたわけではなかった。儒者としての成功は松岡家の再興と繁栄に繋がるのである。

松岡小鶴の人生

この章を執筆中、わたしは大庄屋かつ在村文人であった三木慎三郎に宛てた小鶴の書簡と、穏やかな尼僧姿の肖像画を、兵庫県立歴史博物館の特別展「女たちのひょうご」(二〇二〇年)で見ることができた。書簡の文面は「ナメクジリ」や「キウリ」等の語源を尋ねた簡潔なものであり、末尾には「文母」とある。ここにも彼女の生き方が表現されている。小鶴は辻川という在地社会から生涯出ることなく、自己の漢詩文の才能を世間に向かって開花させる機会もなかった。それでも彼女は言葉にこだわり、むいていない村医者を継ぎ、貧困の中で暮らし、明治六年（一八七三）に死んだ。彼女は文の母として、子供の才能に期待をかけ、家業を捨てることを認め支援していたのである。

江戸時代、世襲の身分制社会では家業を継続してゆくことが絶対的な価値であり、各身分に所属する個人はそれを当為として受け入れて生きた。しかし、小鶴は家業の継続よりも個人の才能を重視し、それに現状から脱出する途を見いだしていた。彼女も「強か者」であったといえよう。

2−10　辻川の中心地．郵便ポストの後ろの建物は大正時代の旧郵便局．小鶴の家はこの道沿いにあった．

ただし、ここでいうところの才能をもった個人とは、女性の小鶴本人ではなく、息子文という男であった。ついでながら触れると、現在、辻川山の中腹には柳田國男の生家が移設され、その裏手から山頂までが「学問成就の道」として整備されている。その途中には、学問成就した柳田の兄弟（いわゆる松岡家五兄弟）の像が設置されているが、小鶴の像はない。

残念なことに、文は小鶴の過剰な期待にこたえることはできず、学問途上で姫路から退いてしまう。その後、彼は家業の村医者を継ぐが、平田《ひらた》国学《こくがく》に傾倒、文久三年（一八六三）、姫路に出て藩公認の熊川舎《ゆうせんしゃ》の教師となり、明治維新後には神官になっている。彼は母小鶴を敬愛し続けた。それは「詩稿」から伝わってくる。

小鶴と文の生き方を幕末社会の中で一般化してみるならば、この時代、身分や現状を打破し将来を開いてゆく可能性として学問という途があった、と位置づけることができる。ただし、それは性差も含め限りなく狭いものであった。

水戸藩で形成された国体・尊王攘夷論は、弘化から安政期の段階で、水戸藩とその影響下にある武士たち周辺、および郷校教育により領内で深まった。そして、江戸の剣術ネットワークを通じて影響力を持ちはじめた。また、ペリー来航を契機に、吉田松陰を媒介として、それは行動規範へと転化した。しかし、この時期、それが在地社会にまで行きわたったわけではなかった。

また、従来の社会的通念に縛られず、強烈な自己主張を発揮する「強か者」が在地社会に登場したこともこの時期の特性といえる。ただし、彼ら・彼女らの行動は社会的承認を獲得できたわけではなく、在地社会をまきこむ〝うねり〟になることはなかった。

この時期、横浜開港・安政の大獄・桜田門外の変といった、高校日本史で習う〝重大事件〟が起こった。しかしいっぽう、地震とコレラが人びとを襲ったことも事実であった。そして、江戸の庶民にとっては、江戸大地震こそがこの時代を象徴するものとして記憶されていったのである。それは当時に生きた人びとの歴史理解といえる。

現在、大学という教育機関では、自己の経験や立場から紡ぎ出された歴史認識といったものを重視して講義を展開する。しかし、歴史認識とは現代に棲まうわたしたちが占有するものではなく、〝江戸時代、庶民の歴史認識〟というように、過去に生きた人びとの問題でもあった。そういう自覚をもち、それをくみ取る歴史研究が求められている。

第三章　万延から文久期の社会
尊王攘夷運動の全盛

万延元年～２年
（1860 ～ 1861）
文久元年～４年
（1861 ～ 1864）

万延から文久期、政治は尊王攘夷と公武合体とをめぐって旋回した。ただし、この両者は単純な二項対立で割り切れるものではなく、複雑に絡み合っていた。幕藩体制そのものが、幕府の圧倒的優位のもとにおける公武の融合によって成り立っていたが、ペリー来航以降、その伝統的政治構造がぐらつき始めたのである。そして、幕府にとって日米修好通商条約調印をめぐる「違勅」問題は、喉に刺さった小骨のようになっていた。岩倉具視《いわくらともみ》が述べたように、桜田門外の変によって幕府の「覇権《はけん》はもはや地に墜ち」たのである(「岩倉具視上書」)。公武合体の内実は朝廷優位となってゆく。政治の場が京都となることは必然であった。

国体・尊王攘夷論は、尊王攘夷運動という平易かつ情感的なものに転じ、在地社会に広がってゆく。いうまでもなく、その本質は排他性にある。他者に対する思いや感情はさまざまであり、ゆえにそこから派生する運動は多種多様となり、たとえば、個人による「異人斬り」なども行われた。この運動が集団性・政治性を帯びた場合、その組織をつなぎ止める核が必要となる。当然それは天皇であった。よって、集団性・政治性を帯びた尊王攘夷運動の主導権の帰趨《きすう》は、いかに天皇の意志を反映させるか、もしくはそう見せるかにかかっていった。

当時、日米修好通商条約は天皇の許可を得たものではない、ゆえに破棄すべきである、という理屈から「破約攘夷《はやくじょうい》」という言葉が生まれ、尊王攘夷運動の合い言葉となった。幕末政治の舞台で出遅れていた長州藩は、尊王攘夷運動の主導権を握るべく朝廷に接近し、「破約攘夷」を掲げ過激な政治行動をとってゆく。そして、万延から文久期、尊王攘夷運動を受容する層はいっきょに拡大、在地社会もそれに包摂されてゆくことになる。

1　在地社会に広がる尊王攘夷運動

安政七年(一八六〇)三月の井伊直弼暗殺後、幕府政治は老中久世広周《くぜひろちか》と安藤信正《あんどうのぶまさ》の主導で進んだ。この久世・安藤政権は、幕府優位による公武合体の再編を企図、将軍家茂と孝明天皇の妹との婚儀、いわゆる和宮降嫁《かずのみやこうか》を計画する。万延元年(一八六〇)五月、京都所司代を通じてその意向を受けた関白九条尚忠《くじょうひさただ》は和宮降嫁要請を孝明天皇に奏上した。

「違勅」から「破約攘夷」へ

和宮降嫁について、孝明天皇は岩倉具視と協議する。岩倉は朝廷の政治力強化と、幕府に対する政治的優位性確保のために、和宮降嫁を利用する策を組み立てた。これを受けた孝明天皇は、「破約攘夷」の実現を確約すること、国政上の重要問題について、かならず朝廷の許可を求めること、の二点を和宮降嫁の条件に出した。久世・安藤政権が公武合体の切り札として計画した和宮降嫁は、岩倉によって、朝廷が政治実権を握るチャンスに変えられてしまった。魔神のごとき政治センスである。

久世・安藤政権はこの二つの条件を受け入れ、七月に「老中奉答書《ろうじゅうほうとうしょ》」を関白九条尚忠に出した。そこには、一〇年以内に通商条約を破棄する、武力行使も辞さない、と記されていた。幕府は「破約攘夷」を正式に認めたのである。しかし、すでに貿易は始まっている。国際社会の中で、このようなことなどできないことを、久世・安藤政権は承知していた。この政権は日本の将来を考えていたのではなく、幕府の武威の回復と、朝廷・幕府の関係の目先の修復をもくろんでいたにすぎない。

契機となった和宮降嫁

文久元年(一八六一)一〇月、和宮は江戸に向かった。久世・安藤政権は、中山道を進む和宮の行列を、公武合体の安定を表象する政治劇に仕立てようとした。しかし、そうはならなかった。和宮降嫁は孝明天皇を退位させる手段である、との噂が飛び交ったのである。熾仁親王《たるひとしんのう》との婚約を破棄しての和宮降嫁は、あまりにも強引であり、孝明天皇の妹(仁孝天皇の皇女)である和宮が、臣下の征夷大将軍に嫁するなど、あってはならないことである、というわかりやすい言説により、尊王攘夷運動は在地社会にまでいっきょに拡大し、過激な行動へと傾斜していった。それは、個人でも可能な「異人斬り」という粗雑な暴力行為にも繋がっていった。

福沢諭吉が晩年記した『福翁自伝』には、幕末社会の記憶として面白い記述がある。福沢が大坂の適塾で学んでいた安政期、攘夷という発想をもった者たちはいるにはいたが、身の危険を感じたことはなく「勿論暗殺など」はまったくなかった。しかし、文久二年、ヨーロッパから帰ってみると「段々喧《やかま》しくなって」、外国貿易を行っている商人も攘夷の危険から店を仕舞うようになり、洋学者も狙われ始めた、というのである。

参加する若者たち

文久二年(一八六二)正月一五日、老中安藤信正が襲われた。襲撃側は安藤殺害に失敗、その場で全員斬り死にした。彼らは二〇代から三〇代前半の若者であり、さらに、襲撃者六人のうち二人は、大橋訥庵《おおはしとつあん》という過激な尊王攘夷派の影響を受けた下野や越後出身の若者であった。文久期、尊王攘夷運動は在地社会に広がり始めたのである。この坂下門外《さかしたもんがい》の変《へん》の背景と、この時期の尊王攘夷運動の特徴について、下野地域に門人を抱えて、江戸でも影響力をもった大橋訥庵の動向から確認してみたい。

文化一三年(一八一六)、大橋訥庵は江戸で生まれ、佐藤一斎のもとで儒学を学んだ。その学才が認められ、江戸の豪商で文人の大橋淡雅《おおはしたんが》の養子となる。天保一二年(一八四一)、彼は日本橋橋町に思誠塾《しせいじゅく》を開き門人を増やし、淡雅の郷里宇都宮《うつのみや》との関係から、宇都宮藩江戸藩邸で定期的に講義を行った。そして、宇都宮藩士に門人を増やし、文久元年には宇都宮に入り、豪農たちに尊王攘夷運動を語り、煽動していった。こうして訥庵は、下野における尊王攘夷運動の中心人物となってゆく。同年、「政権恢復秘策《せいけんかいふくひさく》」を執筆、正親町三条家《おおぎまちさんじょうけ》に上奏した。その内容は、「勅命による攘夷を是とする」等の威勢のよい文言の連続であり、具体性などなかった。当然この「秘策」なるものは無視された。ちなみに、吉田松陰の高弟高杉晋作は、江戸に留学に出た安政五年、訥庵の思誠塾に入門したが、松陰宛の書翰には「愚ニ堪《たえ》カね」とある(安政五年一〇月六日頃「吉田松陰あて書翰」)。

訥庵は下野の門人らと、安藤信正暗殺や、北白川宮能久親王《きたしらかわのみやよしひさしんのう》(のち、輪王寺宮《りんのうじのみや》)を奉じた挙兵計画などを立てていた。この親王は孝明天皇の義弟であることから、政治的利用価値がある、と認識されたのである。しかし、この挙兵計画は杜撰なものであり、賛同者が集まらず失敗に終わった。文久二年正月、訥庵は一橋慶喜の将軍擁立を企図、慶喜に近侍していた山木繁三郎《やまきしげさぶろう》に周旋《しゅうせん》を依頼した。ところが繁三郎は久世広周に密告、訥庵は捕縛される。坂下門外の変は、訥庵の捕縛によって正月一五日に急遽決行されたのであった。

訥庵や彼の影響下にあった在地社会の若者たちの尊王攘夷運動の論理は、動かない幕府に代わり「破約攘夷」を実行する、「因循姑息《いんじゅんこそく》」の政治を行っている老中を排除する(「斬奸趣意書」)というものであり、もちろん幕府を倒そうなどとは考えていなかった。次期将軍に一橋慶喜を希求していたことからも、それは了解できる。

2　出遅れる長州藩、動く薩摩藩

文久元年(一八六一)五月、長州藩は直目付長井雅楽《ながいうた》の「航海遠略策《こうかいえんりゃくさく》」をもって、政治の舞台への花道を駆け出してゆこうとした。もともと、長州藩の武士たちは毛利元就《もうりもとなり》以来、尊王であるとの自意識が高かったが、関ケ原の戦い以降、毛利家の武威は低下してしまった、との思いもあった。たとえば、吉田松陰は、水戸・尾張・越前福井・薩摩諸藩が中央政治の場で活躍している時に、長州藩が出遅れていることを危惧し、「このままでは武威の再興はかなわない、後世にたいして済まない」と述べていた(「愚按《ぐあん》の趣《おもむき》」)。

長井雅楽「航海遠略策」の限界

「航海遠略策」は長大であるが、以下のように、冷静な分析であり、朝廷・幕府双方の政治的立場のバランスがとれたものであった。

「破約攘夷」は不可能であり、無勅許調印という理屈は、日本の国内問題でしかない。これを条約破棄の理由としても諸外国が納得するはずはない。「破約攘夷」などは「慷慨血気《こうがいけっき》の者《もの》」の暴論に過ぎない。取り組むべき課題は、開国進取の方針を定め、海軍を興し海外に渡航し交易を盛んにすることであり、それを朝廷から幕府に命じることにある。これによって公武合体はうまくゆく。

長州藩きっての切れ者といわれた雅楽のこの提案は、久世・安藤政権にとって得心できるものであったろう。しかし、時勢はそう動かなかった。このプランは具体化されることはなく、潰されてゆく。その理由を要約すると以下二点となる。

一つめは長州藩内部の問題である。この頃、長州藩内部で政治力を高めていた久坂玄瑞・高杉晋作など吉田松陰の弟子は、こぞって過激な尊王攘夷派であり、松陰が幕府の嫌疑を受け処刑された背後に、長井雅楽の暗躍があったと認識し、彼を憎悪していた(「廻瀾条議《かいらんじょうぎ》」)。さらにまた、以前から水戸藩に接近していた桂小五郎《かつらこごろう》は、万延元年(一八六〇)の段階で水戸有志との間に丙辰丸盟約《へいしんまるめいやく》を結び、尊王攘夷を実行し幕政改革を達成することを約束していたのである。久坂と桂は家老周布政之助《すふまさのすけ》に「航海遠略策」の破棄を強く迫り、このままでは松下村塾のメンバーが「暴発」する、と脅していた(「第一九章　先考の帰国と藩公の東勤」)。

そして二つめは、和宮降嫁を進めた老中安藤信正が坂下門外の変で襲撃されたことにある。幕府主導の公武合体への批判は広がり、尊王攘夷運動の熱量は上がっていった。

藩政を主導してきた周布政之助は、藩内の尊王攘夷派(若者たち)の暴発を危惧し「航海遠略策」を捨てた。藩主毛利慶親《もうりよしちか》もそれに同意している。文久二年七月六日、長州藩は藩是を尊王攘夷に一元化、「破約攘夷」を表看板としてゆく。なお、長井雅楽は切腹に追い込まれている。

上京した久坂玄瑞や桂小五郎は、土佐藩士の武市半平太《たけちはんぺいた》といった他藩の尊王攘夷派と連携を深め、三条実美《さんじょうさねとみ》ら尊王攘夷派公家との関係を通じて、中央政治への足場を固めていった。

長州藩の存在意義は「破約攘夷」の実行にほかならなかった。ゆえに京都での政治活動と併行して、高杉晋作らは横浜の外国人襲撃を計画し、品川御殿山《しながわごてんやま》イギリス公使館焼き討ちなどを実行していった。

島津久光の上洛

次に、薩摩藩の動向をおさえておこう。嘉永から安政期、外様大名であるにもかかわらず一橋派の一翼を担い、英邁とされた島津斉彬が安政五年(一八五八)に死没した。翌年、彼の遺言により、異母弟の島津久光《しまづひさみつ》の実子忠義《ただよし》が藩主に就任した。久光は忠義を補佐するとして藩政の実権を掌握しつつ、朝廷・幕府間の周旋を企図、文久二年(一八六二)四月、小松帯刀《こまつたてわき》・大久保利通《おおくぼとしみち》ら一〇〇〇人余りの藩兵を引き連れ京都に入った。この政治的示威行動は、長州藩が「航海遠略策」を破棄し、尊王攘夷＝「破約攘夷」を藩是に掲げるよりも早かった。

文久期、京都には尊王攘夷を標榜し、志士と自称する多くの浪人が集まり、治安は悪化していた。京都所司代《きょうとしょしだい》の警察・軍事力でこれを取り締まることは不可能であった。なんと、孝明天皇は幕府を無視し、京都の治安維持を無位無冠《むいむかん》の島津久光に命じたのである。久光の上洛はこの孝明天皇の内命を受けたものであった。桜田門外の変・坂下門外の変と、とどまるところを知らない幕府の権威失墜に、久光の上洛は拍車をかけた。

京都に入った久光は文久二年四月、尊王攘夷派志士と行動を共にしていた有馬新七《ありましんしち》らを上意討ちにした。この寺田屋事件《てらだやじけん》によって、久光は孝明天皇の信頼を堅固なものとし、中央政治の場に躍り出て、朝廷・幕府間の周旋に乗り出してゆく。

同年、久光は勅使大原重徳《おおはらしげとみ》をともない江戸に入り、幕政改革を要求した。その結果、久世と安藤は引退、板倉勝静《いたくらかつきよ》・井上正直《いのうえまさなお》らの新体制となり、安政の大獄で処罰された旧一橋派が復権し、一橋慶喜は将軍後見職《しょうぐんこうけんしょく》、松平春嶽は政事総裁職《せいじそうさいしょく》にそれぞれ就任した。幕府は無位無冠の外様大名の政治要求を全面的に聞き入れたのである。それを可能にしたのは、孝明天皇の勅使大原重徳の存在であり、公武合体の方向性は朝廷優位に決した。

これに加えて、幕府が「破約攘夷」を実行できないとすると、朝廷優位となった公武合体の「武」の主体は幕府ではなくてもよいのではないか、という疑念が生まれてくる。文久期、政治の高度な次元で、公武合体と尊王攘夷とが交差してゆく。その中で浮上したのは島津久光と薩摩藩であった。

「破約攘夷」から「奉勅攘夷」へ

和宮降嫁に際して、久世・安藤政権が受け入れた「破約攘夷」は、幕府にとって喉に刺さった小骨どころではなく、首に突きつけられた匕首となった。文久二年(一八六二)一〇月、動かぬ幕府に対して、攘夷の実行を迫る勅命が出されたからである(「孝明天皇御沙汰書」)。「破約攘夷」は「奉勅攘夷《ほうちょくじょうい》」となった。同年一一月、勅使三条実美が江戸に入り、幕府にそれを伝えた。追い詰められた将軍徳川家茂は自ら上洛して、朝廷に対して「奉勅攘夷」を実行する誓約を行うはめになった。

文久三年三月一一日、孝明天皇は攘夷祈願のため上・下賀茂《かも》神社《じんじゃ》に行幸、上洛した将軍家茂をはじめ、一橋慶喜や諸大名が同行した。それは、天皇が将軍や大名ら〝武家を従えた〟という政治的メッセージとなり、見学した人びとの記憶に残った。ちなみに、その場に高杉晋作もいて行列に向かって「征夷大将軍」と野次った、とされている(「高杉晋作の事跡」)。できすぎた話であるが、文久期、将軍権威はここまで失墜していた、ということをあらわす逸話といえる。

上洛した家茂は「奉勅攘夷」実行の期日を、文久三年五月一〇日とする、と上奏した(「攘夷期限奏聞」)。しかし、一度調印した通商条約を破るなどということが国際社会で不可能なことを理解していた幕府は、問題のすり替えと論点の矮小化をおこない、横浜開港場《かいこうじょう》を閉鎖するという横浜鎖港《さこう》を掲げた。また、幕府が諸大名に「奉勅攘夷」の実行を伝達した文書には、夷狄が来襲した場合には追い払うように、と記されていた(『維新史』第三巻)。幕府は戦闘を避けたかったのである。ところが、長州藩はこの文言を無視、五月一〇日に下関を通行する外航船を積極的に砲撃する。長州藩の存在意義は藩是とした尊王攘夷＝「破約攘夷」→「奉勅攘夷」の実行にかかっていた。

3 欧米列強との戦争と在地社会

文久二年(一八六二)八月、島津久光一行の江戸からの帰路に事件は起こった。東海道沿いの武蔵橘樹郡生麦村《たちばなぐんなまむぎむら》(現横浜市鶴見区)で、この大名行列を乱した四人のイギリス人が、奈良原喜左衛門《ならはらきざえもん》ら薩摩藩士によって斬りつけられ、一名死亡、二名が重傷をおった。高校日本史の教科書にも出てくる生麦事件である。幕府が外国人に行動の自由を許可した外国人遊歩区域内において民間人が殺傷されたわけであり、横浜の外国人社会は騒然となった。イギリス代理公使ニールの冷静な判断で、保土ケ谷《ほどがや》に宿泊している島津久光一行に対するイギリス側からの報復は回避、ニールはイギリス本国の指示を待った(「第五章　リチャードソンの殺害、日本語の研究」)。

生麦事件幕府の対応

翌文久三年二月、ニールは本国政府の訓令に基づき、幕府に対しては謝罪と賠償金一〇万ポンドを、薩摩藩には賠償金二・五万ポンドと犯人の引き渡しを、それぞれ要求した。

この頃、将軍以下、一橋慶喜・松平春嶽など幕閣の主要人物は上洛中であり、これを理由として幕府は回答を引き延ばした。これに対して、ニールはイギリス艦隊を横浜沖に結集させ軍事的威圧をかけた。

生麦事件は島津久光の意志に基づく行為ではなかった。外国人のあいだでも「日本の習慣を無視して、倨傲無礼《きょごうぶれい》な態度をとったことが原因であり、自業自得である」といった意見もあったほどである(「伯爵林董《はくしゃくはやしただす》の談話」)。しかし、事件現場が横浜に近かったため、世間は「ついに薩摩藩が攘夷を実行した」「島津久光は攘夷の魁である」と評した。いっぽう、長州藩の尊王攘夷派は地団駄を踏んだ、とされる(「高杉晋作の事跡」)。

文久三年三月から五月、江戸と横浜周辺は臨戦態勢のもとに置かれ、江戸や東海道周辺の在地社会は緊張に包まれていた。福沢諭吉の『福翁自伝』には、当時の様子として「江戸市中そりゃモウ今に戦争が始まるに違いない」とある。

三月、幕府は諸大名に対し、戦闘開始に備えることを命じた(「河内守殿御渡　覚」)。そして、四月二二日には、諸大名・旗本たちに対して無謀・過激な行為に及ばないよう注意しつつ、戦争となった場合には「御国威《ごこくい》」を立てるように、と通達し、開戦の際には、合図として浜御殿《はまごてん》(現浜離宮)において火箭《かせん》一〇発を打放すことを指示していた(「豊前守殿御渡　大目付江」)。幕府は本気であった。また同時に、諸大名の軍事力が海岸警備に向けられた隙に、無頼・博徒が徘徊しはじめることにも注意を払っていた(「御口達之覚」)。

生麦事件は教科書に登場するが、それがどのような社会的影響を与えたかには触れていない。ここまでみてきたように、江戸は戦争の危機に包まれていたのである。そして、このような対外戦争が勃発すれば、国内の治安は崩壊するのである。

戦争危機の中での治安問題

同じく文久三年三月五日、幕府は、戦争の危機が迫っていることを心得て、江戸市中で騒ぎなど起こさないよう、といった内容の「町触《まちぶれ》」を出した。さらに三月一二日、開戦になってからでは混乱するので、今のうちに老人や病者を在方に避難させるように、と注意喚起しつつも、主人・下男ともに立ち退くことを禁止し、「悪徒」どもが徘徊することを警戒していた(同右)。

幕府は同時に、横浜周辺の在地社会にも開戦の危機を伝達し、海岸防禦のために、東海道品川宿(現品川区)から藤沢宿《ふじさわしゅく》(現藤沢市)までの東海道沿いの人びとを引っ越しさせることを計画していた。幕府が危惧していたのは、居住民避難後の火災の発生と、武士が沿岸防衛に動員された際の治安問題であった。

こうして、戦争の危機が迫る中、裕福な町人の中には地方に疎開する者が出てくる。たとえば、深川木場《ふかがわきば》の材木問屋太田屋銀次郎は、下女・大工や鳶《とび》職人を護衛に付け、女房を下野壬生《みぶ》(現下都賀郡)の親類まで避難させようとした。しかし、その噂を聞きつけた「侍」大勢に待ち伏せされ、衣類と金子を奪われ、女房と下女二人は乱暴されてしまう(「口達之覚」)。おそらく、混乱の中で、このような暴力事件が多発したであろう。

文久三年三月以降、東海道は人馬の往来で混雑し、宿場周辺の村は助郷《すけごう》負担が増大し疲弊していた。五月に入ると、英国との交渉は決着し戦争は回避できた、との情報が出はじめる。そして、江戸の町に実に面白い「張紙」が出る(「新両替町銀座四丁目右側中程、唐物屋藤兵衛跡明地、板囲ニ張有之候書面之写也」)。以下概略を記したい。

人びとの攘夷意識

英国の軍艦は無礼驕慢《ぶれいきょうまん》であり、日本を「婦児子の国」のごとくに扱っており、肉を喰らってやりたいほどであるが、老中らは臆病腰抜けである。水戸藩の武威も尽きはてた。役人はみな国賊《こくぞく》である。英国に大金を支払ったことは、百姓の働きを奪うものであり、天下は困窮する。

これは痛烈な幕府批判であり、水戸藩の凋落にも触れている。ところがこの威勢のよい意見を批判する張り紙も出たのである。これも簡単に紹介しよう。

時勢をみることが重要であり、攘夷鎖港も臨機応変であるべきだ。自称「忠士」などというが、そいつらは軍略もわからぬ「天下の姦賊《かんぞく》」でしかない。報国攘夷などというが、それは小児の戯れ言である。いったん開港したのであるから、攘夷するなど理は通らない、また、この連中は必勝の利を謀らず、「無体に攘夷」を唱えており、ばかげている。

冷静な意見である。文久期、社会全体が攘夷という熱に浮かされていたわけではなかった。

この二つの張り紙に共通することは、「兵端《へいたん》」の原因となった生麦事件自体にはまったく触れず、イギリス艦隊が江戸湾に入ったため戦争の危機となった、との認識である。わたしは、生麦事件直後の江戸の庶民に関連する史料を調べたが、管見の限り、事件そのものや、英国人殺害に触れているものはなかった。これをどう理解するかは難しい。生麦事件は、横浜開港以降、交通量が増加している東海道での事件であり、島津久光を称える声があがったのであるから、その情報が江戸に伝わらなかったとは考えられない。江戸の人びとにとって、イギリスの艦隊が江戸湾に入ったという眼前の事実は、生麦事件そのものを上書きし、皮膚感覚のごとき恐怖が拡散した、と理解できよう。

一時は日英開戦の危機に至ったが、五月、老中格小笠原長行《おがさわらながみち》の独断によりイギリス側に謝罪と賠償金支払いが実行され、開戦の危機は回避された。しかし、世間は、イギリスの強大な軍事力に屈して賠償金を支払った幕府を腰抜けとみたのである。

賠償金問題から薩英戦争へ

イギリスは賠償請求を拒否している薩摩藩を放置しなかった。文久三年六月二七日、艦隊責任者のキューパー提督は薩摩藩と直接交渉するために、イギリス艦隊を率いて鹿児島湾に入った。旗艦ユーライアラス号のほか六隻には、ニール代理公使ら公使館員も乗船していた。二八日、ニールは薩摩藩に対して賠償金二・五万ポンドの支払いと、犯人の引き渡しを要求したが、薩摩藩は断固拒否する。

七月二日、イギリス艦隊は薩摩藩の汽船を拿捕、これをきっかけに戦闘が始まる。訓練をしていた薩摩藩は砲弾をイギリス艦船によく命中させた。直撃弾をうけた旗艦ユーライアラス号の艦長と副長が戦死するなど、イギリス側には六三人の死傷者が出た。薩摩側は砲台が破壊され、城下の一部と集成館《しゅうせいかん》が焼かれ、死傷者は一九人となった。かつて、海防を計画した島津斉彬が土塁を構築していたために、鹿児島城下は大規模な焼失から免れることができた。

薩摩藩の主砲ボムカノンから発射された炸裂弾《さくれつだん》は有効であったが、イギリス艦隊のアームストロング砲は動作不良が多く、着発式信管《ちゃくはつしきしんかん》の砲弾も不発弾が多かった、とされる。いずれにしても、イギリス艦隊はこの戦闘で、さしたる成果をあげることはできず、七月四日には退去した。

同年九月二八日、横浜イギリス公使館において薩摩藩代表とニール代理公使との間で和平交渉がはじまる。薩摩藩は生麦事件について、行列を乱されたために国法に則って無礼討ちにした、と一貫して主張しつつも、遺族への扶助料という形で二・五万ポンドの支払に応じた――薩摩藩はこれを幕府から借金、その後踏み倒している――。なお、薩摩藩は犯人逮捕に関してはうやむやにしている。

この交渉の中で、薩摩藩はニールに対して軍艦購入の斡旋を依頼している。イギリス貿易商人グラバーの仲介もあり、武器購入という側面から、薩摩藩とイギリスは接近、寺島宗則《てらしまむねのり》・五代友厚《ごだいともあつ》・森有礼《もりありのり》らの薩摩藩士一九名がイギリスに留学することとなる。この藩は強かであった。

尊王攘夷運動の中核を担った長州藩のその後の行動をみてゆこう。幕府が攘夷実行期日とした文久三年五月一〇日、「奉勅攘夷」を藩是とした長州藩はそれを強引に拡大解釈し、馬関海峡《ばかんかいきょう》を通航する欧米列強の艦船を積極的に砲撃した。

長州藩「奉勅攘夷」実行

五月一〇日、このような軍事行動に出た藩は長州藩だけであった。

ここで、長州藩の海防の様相につき時代を遡って説明しておきたい。三方を海に囲まれた長州藩は海防への意識が高く、天保から弘化期、藩政を担った村田清風は、港湾防禦のため台場構築の計画を立てた(第一章)。その頃は日本海側の防衛＝「北浦手当《きたうらてあて》」が重視されていたが、清風はペリー来航以前から、瀬戸内海への入り口にあたる引島《ひくしま》(現彦島)・馬関(現下関市)に大砲を設置すれば、航行する異国艦船を攻撃できる、と語っていた(「長夜の寝言」)。

彼の予言のように、開国後、瀬戸内海は外国船の航路となり、引島・馬関は海防の要所となった。馬関戦争《ばかんせんそう》に動員された長府藩(長州藩支藩)の記録である「毛利家乗」をみると、文久三年三月の段階から長府藩は馬関地域の砲台の整備をはじめ、その警備を強化していたことがわかる。

さて、時間を進めよう。文久三年五月一〇日から翌年まで、約一年間におよぶ長州藩と英仏米蘭(四カ国連合)艦隊との戦闘は、馬関戦争と呼ばれた。開戦時点での長州藩の砲撃は以下である。

五月一〇日　アメリカ商船ペンブローク号への砲撃
五月二三日　フランス軍艦キャンシャン号への砲撃
五月二六日　オランダ軍艦メデューサ号への砲撃

六月に入るとアメリカ・フランス軍艦は、次のように報復に転じた。

六月一日　アメリカ軍艦ワイオミング号の馬関砲撃
六月五日　フランス軍艦タンクレード号・セミラミス号の前田《まえだ》砲台《ほうだい》砲撃、陸戦隊上陸、前田砲台占領

3−1　引島（彦島）．治承・寿永の内乱時，平知盛はここを拠点とした．瀬戸内海を一望できる．対岸は門司（北九州市）．

馬関戦争と京都の政局

攘夷決行に先立つ文久三年四月、京都で政治活動を展開していた久坂玄瑞が帰藩する。彼は、馬関戦争のための戦闘部隊として、野村靖《のむらやすし》ら松下村塾出身者を糾合、馬関の光明寺《こうみょうじ》を本陣とする光明寺党を結成した（「第三一章　外艦の馬関砲撃と攘夷親征の建議」）。

戦闘のその後をみてゆこう。六月五日、フランス艦隊は長州藩の砲台が設置されていた前田村（現下関市）を砲

撃、また、二五〇人ほどのフランス軍兵が上陸して前田砲台を占領した。この砲撃で農家二二戸が焼かれた。在地社会が戦闘に巻き込まれたわけである。

馬関の豪商で尊王攘夷派を支援し続けた白石正一郎《しらいししょういちろう》が残した日記（「白石正一郎日記」）には、前田村の戦闘の際、甲冑に身を固めた長州藩士が登場した、とある。また、異国船の砲撃に逃げ惑う武士たちも多くいて、彼らは見物していた百姓たちに目撃されていた。

馬関戦争時、長州藩の兵制は洋式化されておらず、陸戦でも欧米列強にまるで刃が立たなかった。当時、「武士は刀槍による短兵戦術、接近戦に長けており、上陸した異人を駆逐できる」という意識が尊王攘夷派の中に根強くあったが――吉田松陰もそう語っていた――、まったくもって誤りであったことが明白になった。また、砲撃をうけた前田村を除く長州の百姓たちにとって、馬関戦争とは異人と武士との戦闘であり見物の対象でしかなかった、というのが事実であり、文久期においても、世襲の身分制社会の中で形成された被治者意識は強固であった。

六月一日、久坂玄瑞は京都にのぼり攘夷実行を朝廷に報告、それ以降も京都に留まり政治・外交活動に専念した。この時期、わずか二三歳の玄瑞が長州藩の政治を牽引していた。彼は馬関戦争よりも、京都での政治活動を優先したのである。そのような情勢下、後述するように、八月一八日の政変が勃発するわけである。

六月、前田砲台が占領されたことに激怒した藩主毛利慶親は、品川御殿山イギリス公使館焼き討ち以降、いろいろあり閑居していた高杉晋作を召喚した。長州藩〝危急存亡《ききゅうそんぼう》の秋《とき》〟、晋作に馬関の防衛が託された。二四歳であった。

奇兵隊結成 参加する若者たち

彼は奇兵隊《きへいたい》の創設を献策、慶親がそれを許可した。奇兵隊は先述した光明寺党を引き継ぐ形で創設されたのである。「奇兵隊創設日記」には「文久三癸亥六月六日初めて奇兵隊を建つ」とあり、「まさに期日を待て攘夷せんとす」と続く。そして、奇兵隊とは「有志之者」の集合体であり、軽卒《けいそつ》も採用した能力重視による堅固な組織とする、ともある。さらに、一年後の記録には、百姓の二・三男が奇兵隊附属の狙撃隊《そげきたい》に入り訓練をしていた、と記されている（「元治日記一」）。

奇兵隊とは、藩士の正規兵＝「正兵《せいへい》」に対しての「奇兵」という意味に由来する。それは、主力軍を「正兵」として運用しつつ、伏兵《ふくへい》に「奇兵」を用いるという、晋作の師吉田松陰の山鹿流兵学が得意とした戦法である（「水陸戦略《すいりくせんりゃく》」）。かつて、松陰はペリー来航後、「西洋歩兵論」の中で農民を歩兵として訓練し、海防に動員すべき、と語っていた。晋作は松陰の教えを実現させたといえよう。

こう述べると、高杉晋作の登場により、長州藩は在地社会も一体となって郷土防衛に立ち上がった、かのようにみえる。たしかに、奇兵隊には多くの希望者が出た。みな若者であった。

だからといって、この奇兵隊を近代的徴兵制軍隊へと短絡的に結びつけることはできないし、もちろん、近代的ナショナリズムの萌芽とも言えない。世襲の身分制度は消滅していないのであるから。奇兵隊とは、長州藩という限定された在地社会に生きる若者たちに、恩賞と名誉の可能性をもたらし、社会的承認の場を提供した、という理解が適切であろう。

しかし、その可能性はバラ色ではなかった。井上勝生さんは、奇兵隊の内部において、統制への不満から幹部殺害事件や、多くの脱走が起こり、捕縛された脱走兵は斬首され、その事実に在地社会が戦慄《せんりつ》していたことを紹介している(『幕末・維新』)。

欧米列強四カ国の報復

元治元年(一八六四)七月、長州藩は禁門《きんもん》の変《へん》に敗北、「朝敵《ちょうてき》」とされ討伐対象となってしまった。長州藩の思惑としては、英米仏蘭四カ国連合との戦闘長期化は避けたかった。いっぽう、欧米列強は長州藩が尊王攘夷運動の中心勢力であることを見ぬいていた。この戦闘の目的は、軍事力の差をみせつけ、攘夷など愚劣な行為であることを〝日本人〟にわからせることにあった。

同年八月、四カ国連合による大規模な報復戦がはじまる。薩英戦争を指揮したキューパー提督が四カ国連合の総司令官に就いた。上陸部隊約二〇〇〇人が前田砲台を占領する。そこでは、近接戦闘が行われ、長州藩と四カ国連合の双方に死傷者が出ている。長州藩では戦死者一三名(うち奇兵隊六名)、戦傷者二七名(同一六名)、四カ国連合側では戦死者一二名、戦傷者六六名となった。

八月八日、長州藩と四カ国連合との間で講和交渉が行われた。その場にいたアーネスト・サトウは、高杉晋作が全権委任された使節として現れたが、「悪魔(ルシフェル)のように傲然《ごうぜん》」としていた、と記している(「第一二章　下関、長州との講話締結」)。それはともかく、講和は成立した。晋作は「五月一〇日の外国船砲撃は、朝廷の勅をうけた幕府の命令に従ったまでのことである」とし、賠償金支払いに関しては幕府と協議してもらいたい、と突っぱねた。結局、賠償金は幕府が支払うこととなり、その一部は明治政府に引き継がれた。

高杉晋作の体験

長州藩の「奉勅攘夷」は終わった。この藩の攘夷意識の心根を考えてみたい。この時期、長州藩は攘夷戦を準備するいっぽう、五人の藩士をイギリスに留学させていた——伊藤俊輔《いとうしゅんすけ》(博文《ひろぶみ》)と井上聞多《いのうえもんた》(馨《かおる》)は、ロンドンで馬関戦争の情報を入手、いそいで帰国、元治元年には講和のため運動していた——。長州藩は軍事力の面で欧米列強にとていかなわないことを自覚していたのである。そして、欧米列強の先進技術を学ぶことの必要性と開国の必然性について、吉田松陰以来理解していたのである。しかし、その長州藩は尊王攘夷を藩是とし、強硬にそれを唱え、欧米との戦闘も実行した。なぜであろうか。それを理解する一つに、藩政と旧松下村塾メンバーに多大な影響力をもった高杉晋作の存在がある。

文久二年(一八六二)、晋作は幕府使節団の一行として、上海に渡航した。そこは太平天国《たいへいてんごく》の乱《らん》の渦中であった。彼は、英仏人に道を譲り、道端にかたまる清の人びとの様子を見て、「清は英仏の属地《ぞくち》のようである」との感想をもった(「遊清五録」)。なにもせず、欧米列強のいいなりになれば植民地になり、プライドは踏みつぶされ、人びとは奴隷に堕ちる、ということを晋作は体験したのである。

アヘン戦争に敗れた清の現実と、その国の人びとのありさまが、晋作の意識と行動を規定していった。彼にとって武威とは理念ではなく現実への対処であり、尊王攘夷とはその武威を直接の暴力によって、欧米列強に突きつける唯一の手段であった。それが長州藩尊王攘夷派の内面を形成していったのである。

4　在地社会に広がる尊王攘夷運動

文久期、尊王攘夷運動は在地社会にも広がり全盛期を迎える。しかし、その時間は短かった。京都での政治情勢は大きく転回してゆくのである。

長州藩はすでにみたように、馬関戦争を起こし、京都に参集した浪士らは過激な長州藩に共鳴、三条実美を筆頭とする尊王攘夷派公卿がこれに同調していた。しかし、「奉勅攘夷」の主眼は通商条約を破棄することであり、孝明天皇は欧米列強との戦争など求めていなかった。また、公武合体を志向する孝明天皇は、過激な長州藩や、それを取り巻く浪士たちを、既存の秩序を乱すものとして嫌悪していた。朝廷内は一枚岩ではなかったのである。

文久三年(一八六三)八月一八日、薩摩藩は政治的主導権を握るため会津藩と画策、孝明天皇から信頼されていた中川宮《なかがわのみや》と連携し、長州藩と尊王攘夷派公卿を朝廷から追い落とした。同年一一月の「孝明天皇宸翰(島津久光宛)」には、

今まで「浪士《ろうし》暴論《ぼうろん》ノ輩《やから》」に困惑していた、八月一八日の政変は「喜悦《きえつ》の事《こと》」であり、これ以前の「勅諚《ちょくじょう》」は真偽不明のものである。

と記されている。この八月一八日の政変と呼ばれるクーデターは長州藩をはじめ尊王攘夷派に大打撃を与えた。八月一七日、弱腰の幕府に「奉勅攘夷」の決行を迫るため大和(現奈良県)で挙兵した天誅組《てんちゅうぐみ》は孤立し、これを支援すべく但馬(現兵庫県)でも生野《いくの》の変《へん》が発生したが、いずれも、朝廷と幕府の命令によってあっけなく鎮圧されていった。

次に、東国地域における尊王攘夷運動について、信州伊那谷《いなだに》・木曽谷《きそだに》地域と房総九十九里地域を事例として取り上げ、その様相をみてゆきたい。

伊那谷・木曽谷の在村文化

幕末から明治維新期における在地社会の様相をしめす恰好の素材として、島崎藤村『夜明け前』がある。あまりにも周知のことで気後れするが、やはり少々触れておきたい。以下はその一節である。

半蔵の周囲には、驚くばかり急激な勢いで、平田派の学問が伊那地方の人たちの間に伝播し初めた。飯田《いいだ》の在の伴野《ともの》という村には、五十歳を迎えてから先師歿後の門人に加わり、婦人ながらに勤王の運動に身を投じようとする松尾多勢子《まつおたせこ》のような人も出て来た。

藤村が述べたように、文久期、伊那谷・木曽谷地域(現伊那市・木曽町)が平田国学の中核を担っていたことは事実であり——明治初期までに、両地域から入門した者は三〇〇人を超えた——、「松尾多勢子」という女性も実在していた。

伊那谷では享保期頃(一八世紀前半)から、和歌を詠むという在村文化が生まれ育ち、天保期にその裾野は広がった。そして、嘉永期に平田篤胤《ひらたあつたね》門人の岩崎長世《いわさきながよ》が飯田(現飯田市)に入ったことを契機に、両地域に平田国学が浸透していった。なぜ両地域の人びとは平田国学を積極的に受け入れたのであろうか。その前提として、文久期における在地社会の特性を、若者・若者組という存在に注目し、俯瞰的に分析してみたい。

在地社会に生きる若者たち

序章において、江戸時代後半、若者が将来への希望を見つけられない時代となっていった、と述べた。第一章では、天保期、博徒となる若者たちの様相を描いた。そして文久期、尊王攘夷運動に身を投じたり、新選組《しんせんぐみ》を結成する若者も出てきた(後述)。時勢に共鳴し、在地社会を出て広域に活動した彼らは、暴力に依存した自己実現の途を選び、その中で死んでいった。

いっぽう当然であるが、在地社会に留まる若者も多くいた。天保期以降、仁政という政治理念は大きく揺らぎ、律儀《りちぎ》・節度《せつど》という通俗道徳のもつ価値は限りなく低下してゆく。たとえ律儀に働き、節度を守った生活をおくっても、将来への展望はもてず、飢饉が起こった場合、幕藩領主の救済など期待できなくなったのである。そのような中で、在地社会に生きる若者たちは、遊興という形での自己主張を繰り返していった。村人たちにとって、村の祭礼と在村歌舞伎の興行は最大の娯楽であったが、天保期以降、若者たちがその担い手となっていったのである。

村役人や大人たちは労働休暇としての「遊び日」を慣習的に設けていた。信州を研究フィールドとした古川貞雄さんによると、文化・文政期頃から、若者たちは「平日」にもかかわらず酒に酔い、農作業を怠けるようになっていった、という(『増補 村の遊び日』)。飯田藩がたびたび祭礼や遊芸取り締まりの法令を出していたように、伊那谷・木曽谷地域も例外ではなかった。

律儀・節度という通俗道徳を墨守することから得られる〝よりよい将来〟を期待できないのならば、日常の辛抱にもとづく村の秩序や規範などに従う必要はないのである。在地社会に留まるならば、もしくは外の世界に出て行けないならば、その中で遊興にあけくれる、という刹《せつ》那的《なてき》な暮らしへと流れてゆく。この若者たちの行動は、在地社会の秩序を内側から崩し、変化を忌避し安寧《あんねい》だけを求める村役人や大人たちに抵抗することにもなったのである。ただし彼らは、自らの力によって新たな社会関係を構築する、などということは意識していなかった。

伊那谷・木曽谷の地域特性

伊那谷・木曽谷ともに山林資源が豊富であり、幕藩領主はその確保を重視した。伊那谷には千村《ちむら》家が支配する幕府領と、飯田藩領、高須《たかす》藩《はん》や奥州白河藩《おうしゅうしらかわはん》の飛び地などが点在していた。ゆえに、統一的な統治は不可能であり、警察力も脆弱であった。また、木曽谷は遠く離れた尾張藩の領地であったため、山村甚兵衛《やまむらじんべえ》家が代官所を現地に置き、支配と材木管理にあたったが、財政逼迫《ひっぱく》のため、この家に木曽谷地域の秩序維持を担う力などなかった。両地域の村役人や豪農たちは幕藩領主に頼ることとなく、自己の判断によって在地の秩序を維持してゆくしかなかった。

3-2　木曽馬籠宿.

伊那谷・木曽谷地域は山深いが、材木業・製糸業により、現金収入を得ることができた。また、そこは主要幹線である中山道や伊那街道が通る交通の要衝であり、さまざまな情報と文化が行き交う場でもあった。両地域の村役人や豪農たちは豊かな経済力を基盤として、この地を訪れた文化人と交流、和歌といった分野を中心に文化活動を盛んにし、これを通じたネットワークを形成していた。

行き交う情報と文化への関心の高さ、という地域特性を背景に、両地域の村役人や豪農たちは、若者たちの台頭と支配権力の脆弱さに起因する、在地社会の秩序崩壊を食い止めるため、平田国学を積極的に受容していった、といえる。では、平田国学の何が彼らを惹きつけたのであろうか。

平田国学の魅力

平田篤胤は、本居宣長《もとおりのりなが》が体系化した国学に独自の幽冥《ゆうめい》・黄泉《よみ》論《ろん》を加味して復古神道を創り上げ、『霊《たま》の真柱《みはしら》』で尊王論を明確にした。篤胤は、伊弉諾尊《いざなぎのみこと》・伊弉冉尊《いざなみのみこと》が日本の国土を生み、二人の子である天照大神《あまてらすおおみかみ》がそれを安定させ、彼女の子孫が神武天皇《じんむてんのう》となる、という国生み神話を重視した。また「万《よろず》の外国どもは、皇国に比べては、こよなく劣りて卑《いやし》かるべき」として、神が創造した日本の優位性を語り、「御国《みくに》の御民《みたみ》」という概念を創り上げ、日本という国の中心は「御民」＝百姓からなる、と主張した。彼は儒学を排斥しているわけではなく、忠義という通俗道徳を重視していた。ただし、その対象は天皇となっていたのである。

篤胤の「御国の御民」論は一君万民論にきわめて近いものといえる。こういった平田国学の教えが両地域の村役人・豪農たちの政治的指針になった。つまり、脆弱な幕藩領主に頼らなくても、両地域の百姓＝「御民」が、尊崇すべき天皇に直接繫属し忠義をはたすことによって、在地社会の安寧はもたらされる、という希望が生まれたわけである。

両地域における平田国学と在地社会の人びとの関係を丹念に描き出した宮地正人さんは、開港以降、横浜貿易により利益をえた人びとが、安政の大獄後の政治混乱の中で、外圧への対処のあり方を真剣に自問自答しはじめ、平田国学へ傾倒していった、と分析している(『歴史のなかの『夜明け前』』)。つまり、ペリー来航以降の政治・社会変動がこの地域の人びとの世界観を変えたわけである。

和歌を学ぶ竹村多勢子

次に、先に引用した『夜明け前』の一節に出てきた「松尾多勢子」についてみてゆきたい。彼女をあつかった研究としては、戦前の先駆的業績として市村咸人さんの『松尾多勢子』があり、近年では、ジェンダーの視点から分析したアン・ウォルソールさんの『たをやめと明治維新』が存在する。二人の研究に導かれ、また「多勢子遺稿」を加味して、彼女の行動から在地社会の様相を考えてみたい。なお、第一章で一倉徳子(おとく)について述べたように、多勢子も嫁ぎ先の松尾ではなく、実家の竹村を名乗っていた。

多勢子は文化八年(一八一一)、伊那谷の山本村(現飯田市)の豪農竹村家に生まれた。手習いなど、基本的教育を終えた彼女は文政五年(一八二二)、一一歳の時に伊那郡座光寺村《ざこうじむら》(現飯田市)の北原因信《きたはらよりのぶ》に寄寓し、さらなる勉強を続けていった。因信は寺子屋を主宰し、多くの子供たちに和歌の手ほどきを行っていた。多勢子は因信の影響で和歌への関心を高めてゆく。

文政一二年(一八二九)、彼女は一八歳で伴野村(現下伊那郡豊丘村)の庄屋松尾佐治右衛門《まつおさじえもん》(元珍《もとたか》)に嫁いだ。松尾家の生業は、養蚕を主とする農業の他に金融業・酒造業や天竜川の船頭取締役方《せんどうとりしまりやくかた》などであったが、横浜開港以降、養蚕業の収入が増加していた。このような順風な経済状況のもと、多勢子は七人の子供を育て上げた。多忙な家業と育児の中で、彼女は和歌を学び続け、北原家での歌会に出席し、新古今調《しんこきんちょう》の和歌を数多く詠んだ。

平田国学に入門する多勢子

江戸時代、在地社会内部では家格に応じた婚姻関係が形成されており、村役人や豪農たちはこの関係を基盤にして、政治的・文化的なネットワークを拡げていった。多勢子の長女まさは中津川宿(現中津川市)の豪農市岡政治に、三女つがは同じく中津川宿の村役人肥田通光《ひだみちてる》に、四女やそは座光寺村北原信綱《きたはらのぶつな》(因信の孫)に、孫娘すえは間鷲郎《はざまわしろう》(間秀矩《はざまひでのり》の従兄弟)にそれぞれ嫁いだ。

政治・信綱の父親はそれぞれ市岡殷政《いちおかしげまさ》・北原稲雄《きたはらいなお》であり、両人は伊那谷でいち早く平田篤胤没後の門人——当時、平田鐵胤《ひらたかねたね》が当主であったが、彼は新しい門人をすべて篤胤没後の門人としていた——になっていた。なお、殷政と稲雄の仲介により、木曽谷地域にも平田国学は広がっていった。

多勢子は、文久元年(一八六一)八月、平田篤胤没後の門人となり、北原家での月例会に欠かさず参加した。彼女は伊那谷地域において、血縁による豪農・平田国学ネットワークを創り出し、その中核を担ってゆく。なおついでながら述べると、彼女を含め伊那谷平田国学ネットワークの人びとは、篤胤の著作の木版作製・刊行に尽力した。安政七年(一八六〇)、北原稲雄は単独で『弘仁歴運記考《こうにんれきうんきこう》』を刊行し、市岡殷政・肥田通光・間秀矩・多勢子は『古史伝《こしでん》』出版の助成者となっている。『古史伝』は相当大部なものであり、刊行事業は安政期からはじまり明治二〇年(一八八七)までかかっている。

肖像画に描かれた多勢子は、つぶらな瞳のチャーミングなおばあちゃんであるが、いたって行動的であった。夫元珍との仲はとてもよく、弘化二年(一八四五)から夫婦連れだって旅に出ている。この時に記した「道中日記帳」の最初には、同行の五人は夜になっても寝ないで、たき火をまえに大笑いしていた様子が記されている。子供のようである。

安政二年、多勢子夫妻はペリー来航という時勢の中、江戸に出ている。この時、元珍は伴野村の名主をつとめていたことから、旧高須藩主松平義建《まつだいらよしたつ》を表敬訪問《ひょうけいほうもん》した。多勢子も同席し義建に謁見している。そのようなことを女性ができた理由は、彼女の和歌の能力に負うところが大きかったといえる。なお、元珍の健康が悪化したため、安政六年の草津温泉・善光寺への旅が夫婦での最後となった。

「勤王ばあさん」としての活躍　文久二年(一八六二)八月、多勢子は京都へ旅発った。多勢子五〇歳、江戸時代の感覚では老婆である。長女まさの嫁ぎ先である中津川の市岡政治家を経由、ここから京都伊勢屋久兵衛《いせやきゅうべえ》家の手代と同行することになり、二人は中山道をゆっくり京都に向かった。文久期、平田鐵胤は尊王攘夷派志士との交流を盛んにしていた。結果、平田国学者の多くも、尊王攘夷運動の中心となった京都を目指した。

新古今調の歌詠み、かつ平田国学者でもある多勢子にとって、京都は〝聖地〟であり、同時に生々しい政治の場でもあった。彼女は京都への旅で「都のつと」という紀行文・日記を残した。これを見ると、彼女は当時の京都を政治の中心地として認識し、自分がそこに参加してゆくことを願っていたことがわかる。京都に到着した日には、

立ならふ　けはしき山を　わけわけて
都の空を　あふく嬉しさ

といった高揚した気分の歌を詠んでいる。やはり、子供のようである。

3-3　松尾多勢子の肖像(個人蔵，豊丘村歴史民俗資料館)．

文久三年三月までの京都滞在の間、多勢子は久坂玄瑞と会っている。また、薩摩藩中村半次郎《なかむらはんじろう》(のち、桐野利秋《きりのとしあき》)は「都のつと」に「中村ぬし」として複数回登場する。多勢子に会った尊王攘夷派の若者たちは、彼女を「勤王ばあさ

ん」「女丈夫《おんなじょうぶ》」として畏敬した。

多勢子は、平田国学ネットワークを利用し、同門の重鎮福羽美静《ふくばびせい》(津和野藩士)と対面することができ、彼の紹介によって、なんと公卿大原重徳にも会っていたのである。

多勢子は平田国学を通して、大原ら公卿と会うことができ、老婆であるということで、新選組など幕府側の探索から免れて、長州藩などの尊王攘夷派に朝廷内部の情報を伝えた。このような行動が可能であった背景には、過激な尊王攘夷運動を担うのは武士の男であり、それも若者である、という三つのバイアス(身分差・性差・年齢差)がかかわっていた。いっぽう、多勢子に視点を据えるならば、田舎から出てきた平田国学の「勤王ばあさん」という〝押し出し〟と和歌の才能によって、宮中の踏歌節会《とうかのせちえ》を拝観したり、公家たちとコミュニケーションをとることができた、と理解できる。いずれにしても、彼女は自己の立場をよく理解し、いわば密偵《みってい》として京都の政治舞台の端役に就き、岩倉具視の信頼も得ていたのである。

足利三代木像梟首事件と多勢子

文久三年(一八六三)二月二二日、等持院《とうじいん》にあった足利将軍三代(尊氏《たかうじ》・義詮《よしあきら》・義満《よしみつ》)の木像の首が持ち出され、賀茂川の河原に晒された。この事件は、師《もろ》岡節斎《おかせつさい》・三輪田《みわた》元綱《もとつな》といった平田国学者が起こしたもので、多勢子は彼らと行動を共にしていたこともあった。事件そのものは寓意的《ぐういてき》であったが、京都守護職松平容保《まつだいらかたもり》は会津藩に関係者の捕縛を厳命した。危険を察知した多勢子は、井上馨らの援助により河原町《かわらまち》の長州藩邸に潜んだ。彼女は、三月二九日に無事京都を出発、大坂・奈良を経由して伊勢に入り、伊勢神宮を参拝して五月に帰宅している。多勢子の政治活動、京都での〝冒険〟は終わった。

明治維新後、多勢子は帝都東京に旅行し、岩倉具視・品川弥二郎らの顕官と会っている。その場では京都での昔話になったであろう。文久期、それは多勢子にとって「勤王ばあさん」として輝いた時代であった。

なお、慶応四年(一八六八)に入ると、先に触れた市岡殷政・間秀矩・肥田通光らも上洛し政治活動を展開してゆくことになる。

〝外の世界〟と伊那谷・木曽谷

伊那谷・木曽谷の村役人や豪農たちは血縁関係を広げ、それと連携させることにより、平田国学の学習と尊王攘夷運動を活性化させていった。先述したように、両地域には〝外の世界〟から情報や人物が流入していた。しかし、両地域が奥深い山の里であることに変わりはなく、人びとは受け身であり、客体であった。岩崎長世の移住と、開港以降の経済変動と時勢は、両地域の人びとを変えた。平田国学を受容することによって、彼らは抱えている日常的課題を〝外の世界〟と結びつけ、国事というより普遍的な問題へと昇華させ、主体として覚醒し積極的に〝外の世界〟に出て行ったのである。多勢子は、もちまえの明るさと行動力、そして歌詠みの能力によって、身分差・年齢差・性差を超え、もしくはそれを利用し、京都で活発に活動できたのである。

しかし、平田篤胤の著作刊行もふくめた、伊那谷・木曽谷の人びとの平田国学の学習や尊王攘夷運動は、村役人・豪農たちの血縁の内側で完結したものであり、その枠外の他者、たとえば在地社会の若者を啓蒙するものではなかった。

元治元年(一八六四)、天狗党の乱が発生する。天狗党は京都を目指し、冬の伊那谷・木曽谷を通過する。武装した強烈な他者の出現である。両地域に新たな〝外の世界〟が持ち込まれる。その時におけるこの地の平田国学者たちの活躍については、第四章で触れたい。

真忠組の結成

先述したように、八月一八日の政変は、長州藩をはじめ尊王攘夷派に大打撃を与えた。ところが、関東ではこの政変以降も、慷慨組《こうがいぐみ》や真忠組《しんちゅうぐみ》といった攘夷派集団がそれぞれ関係をもちつつ行動していた。彼らは京都の政局と直接関係することはなく、横浜鎖港もしくは横浜外国人襲撃を行動目的としていた。関東の在地社会に根ざす尊王攘夷派にとって、横浜鎖港は行動の正当性となっていたのである。彼らの行動論理は、動かぬ幕府にかわり攘夷を実行するというものであり、幕府を倒すということではなかった。ここでは、文久三年(一八六三)一一月から元治元年(一八六四)正月までの短い間、房総九十九里地域に広がった真忠組について紹介したい。

文久三年一一月、上総《かずさ》山辺《やまべ》郡《ぐん》小関村《こせきむら》(現九十九里町)の旅籠大村屋《おおむらや》伊《い》八《はち》に楠音次郎《くすのきおとじろう》・三浦《みうら》帯刀《たてわき》らの浪士が入り、「真忠組義士旅館」の看板を掲げた。楠音次郎はもともと三河岡崎の生まれであったが、文久元年に九十九里の井之内村《いのうちむら》(現山武市)に住み着き、手習塾を開いていた。また、三浦帯刀は旗本津田英次郎《つだえいじろう》の家来で、佐原村《さわらむら》(現佐原市)に居住していた。彼らは「横浜鎖港のため同志を結集した」と宣伝した。すると、水戸藩や津藩《つはん》・笠間藩《かさまはん》からの脱藩士ら「浪人体」の二〇〇人ほどが集まって来た。この浪士集団は、攘夷実行のために必要な軍資金と武器を周辺村々から強請していった。「真忠組浪士横行記録」には、

楠音次郎ら六人が槍・鉄砲を携えて香取郡秋田村《かとりぐんあきたむら》名主儀兵衛《ぎへえ》方へ押込、横浜にいる夷人を征伐するための軍用金として三〇〇両を差出せと強勢《ごうせい》に来た。

3-4　「真忠組矢野重吾郎終焉之地」の碑(真光寺).

とある。尊王攘夷派の浪人割拠、という情報を得た幕府は、佐倉藩など総勢約一五〇〇人を動員し、武力鎮圧に出た。迅速な動きであった。真忠組の多くは逃げたが、七八人が応戦、すべて戦死・捕縛され、真忠組は壊滅した。その後、幕府が派遣した代官中山誠一郎は、東金町《とうがねまち》(現東金市)に評定所を設置、真忠組の生き残りと関係者を捕縛吟味した。取り調べは九十九里地域の農村にまでおよび、遠島になった百姓も出ている。

在地社会の中での真忠組

関東は騒然としてきた。「真忠組浪士横行記録」には、真忠組の千葉源次郎《ちばげんじろう》らが、「夷人食

料の豚を飼育」して横浜で売り払っていた百姓一一人を、「首を刎ねる」と脅していた、とある。真忠組は横浜鎖港を掲げるとともに、貿易開始による物価高騰のため困窮した百姓らを救うと唱え、横浜貿易に関与していた者を脅し、金銭や食糧を強請していたのである。脅し取った金銭・米穀の一部を貧民救済に充てていたことは事実であった。

関東の尊王攘夷運動を研究した高木俊輔さんは、真忠組の「恩恵に浴した民衆はけして少なくなかった」と論じている(『明治維新草莽運動史』)。文化・文政期以降、房総地域では農村荒廃と経済格差が進んでいた。天保期には大原幽学《おおはらゆうがく》による農村改良運動(仕法《しほう》)が起こり、また平田国学を受容する人びとも出ていた。高木さんの詳細な分析によると、大原幽学の仕法や平田国学を受け入れ、農村復興を実現していった地域(海上郡・香取郡)と、真忠組が活動し、彼らと関係をもった地域(匝瑳郡《そうさぐん》・山辺郡)とは、重ならないのである。村役人や豪農層にとって、真忠組は強請・たかりの徒党でしかないが、開港以降の物価騰貴により困窮した百姓にしてみれば、「義民」としての意味をもっていたといえる。

しかし、現在、「真忠組士鎮魂碑」など真忠組に関連した史跡が四点あるが、どれも時の過ぎゆくまま、荒れた状態となっている。大原幽学は地域において時代を超えて顕彰され続け――現在、大原幽学記念館を中心に千葉県内において地域学習会が開催されている――、笹川繁蔵や飯岡助五郎の墓の清掃がいきとどいていることと比べると、その差は歴然である。真忠組が語った尊王攘夷運動は、在地社会の日常に溶け込むことはなく、真忠組の存在そのものは、よそ者の暴力集団でしかなかったのである。ようするに、真忠組とは在地社会にとって刹那の出来事に過ぎなかったといえよう。

5　地域指導者の転回

もちろん、すべての在地社会が尊王攘夷運動に染まっていたわけではなかった。この章の最後に、尊王攘夷運動に関与しないが、時勢を強く意識した在地社会の様相に触れておきたい。

第一章で触れたように、文化・文政期以降、関東では在村剣術が盛んとなっていた。新選組の母体となる天然理心流《てんねんりしんりゅう》もその一つである。この流派の祖である近藤内蔵助《こんどうくらのすけ》は、天明から寛政期(一八世紀後半)、江戸の両国薬研堀《りょうごくやげんぼり》に道場を開き、実戦的な剣術を教えていた。しかし、門人は増えず、江戸西部、多摩の農村で出稽古《でげいこ》をはじめ、この地域に土着していた八王子千人同心《はちおうじせんにんどうしん》たちに入門者を増やしていった。そして、多摩地域の百姓身分の中から、筋のよい者が近藤家養子となり、二代目以降の天然理心流名跡《みょうせき》を継いでいった。

多摩地域と天然理心流

杉仁さんは、多摩地域における天然理心流門人の推移を分析し、八王子千人同心の武術習得によって支えられてきた天然理心流が、甲州騒動の影響により、天保

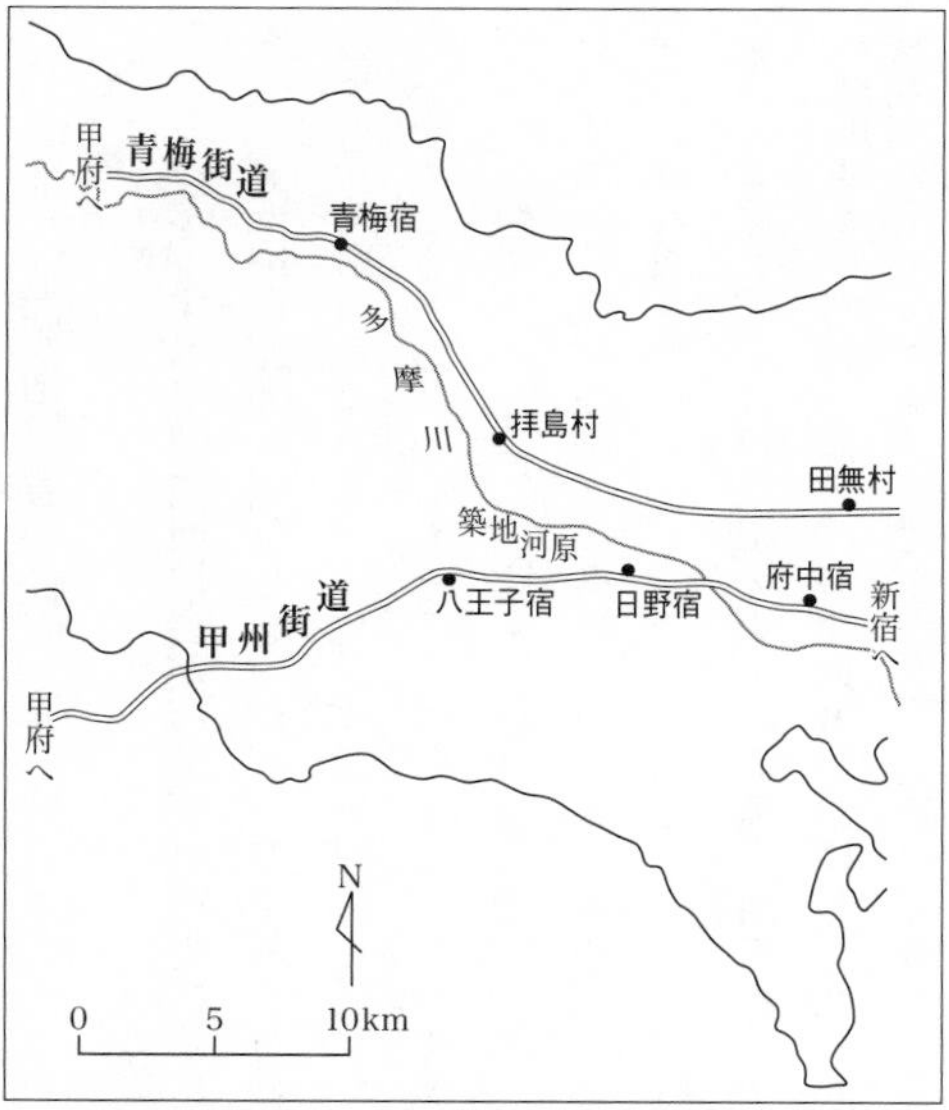

3-5　多摩地域略図.

期から豪農の武術へと性格を変え、入門者は「村役人層の家柄で、ほとんどが一〇歳台の後嗣ぎたちであった」と論じた(『近世の地域と在村文化』)。

　第一章でみたように、天保期に百姓一揆の作法は崩壊、「悪党」による騒動が起こった。在地社会は、その暴力の対象となるのは豪農たちである、ということを経験した。豪農たちの自己防衛と、彼らを中心とした村々の自衛が始まったのである。

　多摩地域は甲州に隣接していた。小野路《おのじ》村《むら》(現町田市)の名主小島角左衛門《こじまかくざえもん》は日記(通称「小島日記」)の中で、甲州騒動のことに触れ、騒動勢を「悪党」としている。なお、天然理心流の熱心な支持者の一人となる小島鹿之《しかの》助《すけ》は角左衛門の実子である。天然理心流は、村役人・豪農たちの村々自衛という流れに乗り、多摩地域に門人を獲得していった、というわけである。ついでながら、同時期、多摩北方の田無《たなし》地域では北辰一刀流の並木《なみき》綱五郎《つなごろう》の剣術道場が盛んとなっていた。

地域指導者 佐藤彦五郎

天然理心流三代目近藤周助《こんどうしゅうすけ》は、市谷甲良《いちがやこうら》屋敷《やしき》(現新宿区)に試衛館《しえいかん》を構え、多摩地域には年に数回出稽古に来ていた。そこに、多摩に居住していた百姓身分の宮川《みやがわ》勝五郎《かつごろう》と土方歳三《ひじかたとしぞう》らが入門する。勝五郎は近藤家の養子となり天然理心流四代目を継ぎ、近藤勇《こんどういさみ》と改名する。また、多摩地域において、天然理心流門人拡大の受け皿となったのが、日野宿《ひのじゅく》名主佐藤彦五《さとうひこご》郎《ろう》(歳三の義兄)と、先に触れた小島鹿之助であった。

3-6　日野宿本陣(佐藤彦五郎自宅).天然理心流の道場でもあった.

佐藤彦五郎に触れておきたい。佐藤家は代々日野宿(現日野市)名主をつとめる名家であった。名主の責務を自覚する彦五郎は、天保期以降の治安悪化という問題に直面していた。嘉永二年(一八四九)、彦五郎二〇代前半の頃、日野宿に大火が発生、その混乱の中で、祖母ゑいが賊に斬殺されてしまった。彼は、この事件をきっかけに天然理心流に入門、嘉永七年に免許を得ている。彦五郎の剣術修行は、自己と家族の生命・財産を自己責任で防衛する、という私的な問題だけでなく、名主として多摩地域の治安維持を担う、という責任感からの行為であった。

安政二年(一八五五)、小島鹿之助が近藤と義兄弟の杯を交わすと、彦五郎も近藤と義兄弟となっている。以降、この三人の関係は密接になる。そして、彦五郎は自宅(日野宿本陣)を改造し道場を構え、近藤・土方・沖田《おきた》総司《そうじ》ら試衛館の中心メンバーが、そこで多摩地域の門人に直接稽古をつけることとなる。多摩地域の有力者である佐藤彦五郎と小島鹿之助を基盤に、天然理心流は入門者を増やしてゆく。なお、JR日野駅近くの八坂神社《やさかじんじゃ》(もと牛頭天王社《ごずてんのうしゃ》)には、天然理心流門人が奉納した剣術上達祈願の額が現存している。

上洛する試衛館メンバー

剣術は個人の技能を磨くものであるが、名主として在地社会の治安維持を企図している彦五郎は、地元に道場を開設することで個人の暴力を自己の統制下に入れた、ともいえる。文久期、暴力を会得し、それを組織化した地域指導者が登場したのである。

では、試衛館メンバーとの関係から、佐藤彦五郎という地域指導者の特徴をみてゆきたい。その前提として、彼らを取り巻く文久期の政治情勢につき簡単に触れておく。文久三年(一八六三)三月、将軍家茂が上洛したことは先に触れた。これに先だつ二月、江戸では上洛する将軍警固のため浪士隊が結成された。これは、「異人斬り」という粗暴な攘夷行動の温床とみなされていた浪人を幕府の管理下に置く、という政策であった。家光以来の将軍上洛という重大な政治局面に、浪人を用いるという発想が実現されるほど、身分制度は弛緩していたのである。

出羽庄内出身で北辰一刀流を修行し、幕臣の山岡鉄舟《やまおかてっしゅう》とも親交のあった清河八郎《きよかわはちろう》が「尽忠《じんちゅう》報国《ほうこく》」を掲げて、浪士公募を行った。近藤勇・土方歳三・沖田総司ら試衛館メンバーがこの浪士隊に参加、文久三年二月二三日に京都に到着している。ちなみに、浪士隊約二〇〇人の筆頭は、第二章でも触れた根岸友山であった。文久期、武州の豪農・国学者で、北辰一刀流を修行した友山は、尊王攘夷派志士の中では有名人物となっていた。なお、友山は第四章でまた登場することになる。

新選組の誕生

浪士隊が京都に到着すると、生麦事件によってイギリスとの戦闘がはじまるかもしれない、という一報がもたらされた。浪士隊を尊王攘夷運動の戦力にしたてようと画策していた清河は、イギリスとの戦闘に参加すべく、浪士隊の江戸帰還を決定する。これに反対した近藤ら試衛館メンバーと、芹沢鴨《せりざわかも》一派は京都に残留することになる。近藤は「浪士隊上洛の目的である将軍の警固を捨てて、攘夷のために江戸に戻ることなど筋違いである」と主張している(「志大略相認書」)。試衛館メンバーがこの段階で高度な政治的判断をしていたとは思えないが、彼らの活躍と短い生涯はこの近藤の一言で決した。この時、近藤二九歳、土方は二八歳、沖田は一九歳、みな若者であった。彼らの徳川将軍に対する忠義心は強い。彼らの活動空間であった多摩地域が幕領であったことも、そのような心性を形成するうえで大きな影響をあたえていたといえよう。

なお、江戸に戻った浪士隊本隊は、清河八郎が旗本佐々木只三郎《ささきたださぶろう》らに暗殺されたのち、新徴《しんちょう》組《ぐみ》と改称、庄内藩預かりとなる。そこには沖田総司の義兄沖田林太郎《おきたりんたろう》が所属していた。

京都に残留した試衛館メンバーと芹沢鴨一派は、文久三年三月一二日、京都守護職に就任した会津藩主松平容保の預かりとされた。彼らは壬生村《みぶむら》(現京都市中京区)の八木家を屯所としていたため、壬生浪士隊と名乗っていた。このメンバーの一人で、池田屋事件《いけだやじけん》から箱館戦争《はこだてせんそう》までの戦闘に参加し、明治維新後まで生き残った島田魁《しまだかい》の日記には、文久三年八月一八日の政変の際に、「転奏」から新選組と命名された、とある。「転奏」とは武家伝奏《ぶけてんそう》を指すかと思われるが、武家伝奏とは、朝幕関係を仲介する公家である。壬生浪士隊は会津藩の預かりなので、職掌上、武家伝奏が会津藩の頭越しに、浪士隊という戦闘集団と接点をもったとは考えられず、命名者を武家伝奏とするには疑問が残る。

いずれにしても、八月一八日の政変の頃、新選組という〝表看板〟があがったわけである。そして、この政治事件を契機に、新選組は時勢を意識しはじめる。近藤は終始「尽忠報国」を唱え公武合体を意識していたが、水戸藩出身の芹沢鴨は尊王攘夷的志向性が強かった。八月一八日の政変によって、壬生浪士隊の中に混在していた政治性の矛盾が浮上し、それが芹沢鴨一派の粛清に繫がった、と理解できよう。

芹沢鴨一派を排除し、近藤的政治性(公武合体)に一元化された新選組は、治安維持のみならず拷問・暗殺をも扱う戦闘集団として、池田屋事件・禁門の変といった政治事件に参加してゆく。

佐藤彦五郎と試衛館ネットワーク

佐藤彦五郎が残した日記(通称「佐藤彦五郎日記」)には、近藤・土方・沖田・山南敬助《やまなみけいすけ》との交流が記されている。この日記は安政四年(一八五七)からはじまるが、残念なことに、文久期のものが散逸してしまっている。この時期に関しては、わずかであるが書翰が残っている。以下、これらの史料を通じて、彦五郎と試衛館メンバーの交流、いわば試衛館ネットワークの様相を紹介したい。

安政四年から万延二年(一八六一)までの四年間、試衛館メンバーは剣術稽古のため佐藤家を訪問していた。回数は、近藤二二回、土方四回、沖田一回、山南一回となっている。万延二年正月一四日には四人がそろって彦五郎家に宿泊している。いっぽう、彦五郎が江戸の試衛館を訪問することもあった。その際には隠居した近藤周助にも挨拶している。

万延二年正月二九日、江戸で神道無念流練兵館との「寄合稽古」が実施され、彦五郎もこれに参加している。正月一四日、試衛館の中心メンバー四人がそろって彦五郎を訪問したのは、この行事の打ち合わせであったろう。「寄合稽古」の勝敗など詳細は不明であるが、練兵館にくらべ、はるかに弱小の試衛館は総力戦体制をとり、相当緊張していたであろうことは想像に難くない。こういった重要な行事の際に、近藤たちは彦五郎や多摩の門人を頼っていたわけである。

伝えられる京都情勢

文久三年五月から六月頃と推定される近藤から彦五郎への書翰(「佐藤彦五郎宛書翰」)には、京都に残留し芹沢鴨とともに「隊長」となった、とある。また、いまだに浪士扱いであり、この集団を管理統括する者がいない、との愚痴もある。先に触れたように、この時期、浪士隊は会津藩預かりとなっていたが、この書翰を見る限り、会津藩内での位置づけや身分は、しごく不安定であったといえよう。また、儒者の家里松濤《いえさとしょうとう》が殺害され梟首《きゅうしゅ》となったことや、尊王攘夷派公家の姉小路公知《あねがこうじきんとも》の暗殺など、テロ事件も記されている。そして末尾には、万一「志願」がかなった場合には命を捨てる覚悟である、と記されている。この時期、近藤は会津藩に正式に編入され、士分に取り立てられることを希求していたといえよう。また、別の書翰では、大坂の相撲取りとの大喧嘩に触れている。

佐藤彦五郎は、近藤や土方からの書翰を通じて、新選組の活躍や京都の世上に関する情報を得ていた。ただし、政局にかかわることは何ら記録されていない。池田屋事件以前の新選組は、重要な政治情報などを入手できない、その程度の集団であったといえる。

文久期における新選組の活躍とは、天然理心流という剣術に依存したものであり、彼らの行動(暴力)に正統性を与えていたのは幕府と会津藩であり、それを原点として彼らの身上がりは実現できていた。試衛館ネットワークによる情報によって、彦五郎および、彼の影響下にある多摩地域の豪農や若者たちは、剣術への信頼をより高めていったといえよう。

農兵銃隊設置と在地社会の思惑

次に、佐藤彦五郎と多摩地域の様相をみてゆきたい。多摩地域は幕領であり、世襲代官江川家が支配していた。天保から嘉永期、江川英龍は蘭学者として海防に強い関心をもっていた。天保一〇年(一八三九)、彼は伊豆地域の海防のために農兵を訓練することを提案し(「伊豆国御備場之儀ニ付、存付申上候書付」)、さらに嘉永二年(一八四九)、支配地から百姓を取り立て農兵として訓練することを建議していた(「農兵之儀ニ付申上候書付」)。第一章でみたように、英龍は甲州騒動に関する情報を収集しており、当然ながら幕領の警察・軍事力の脆弱さを痛感していた。彼は、農兵設置を海防のためとしているが、幕領の警察・軍事力の補塡に利用する狙いもあったといえよう。

英龍の存命中、農兵取り立ては許可されなかった。文久三年(一八六三)八月、英武の代になり、それは認められた。同年一〇月、幕府から多摩地域に出された布達を書き留めた「御書取写」には、「盗賊・悪党」らが蜂起し治安が悪化しているため、壮年の者から農兵を取り立てる、とある。文久期、生麦事件を契機とするイギリスとの戦闘勃発の危機(文久三年五月頃まで)を回避した後でもあり、農兵設置に関して、幕府は海防よりも在地社会の治安維持を重視していたといえる。

ところで、同じ文久三年三月、田無村組合(下田半兵衛惣代)からは、

「悪党」が「抜身・鉄炮等」を携行し、大勢で強盗等の乱暴を行っている、村方ではこれに対抗するために、洋式鉄砲一〇〇挺を拝借したい。

という訴え(「悪党撃退に付、田無村組合村々鉄砲拝借願」)が江川代官宛に出されていた。幕府が農兵設置を許可する同じ頃、在地社会は独自に「悪党」対策を企図、武装強化を願い出ていたのである。幕藩領主と在地社会の思惑は一致し、農兵は多摩地域の寄場組合を単位として、日野・五日市・蔵敷《ぞうしき》などの一五組合で結成された。村ごとに人数が割り当てられ、一五組合全体で四五一人の取り立てが予定された。取り立ての条件には「身元よろしき者」とあるように、江川農兵には村役人や豪農の子息が採用され、ゲベール銃と関連装備一式が貸し与えられた。大名領や旗本領でも農兵が取り立てられてゆくが、文久期にゲベール銃で武装していたのは、江川農兵隊だけであり、史料には「銃隊」との表現も出てくる。そこで、これを農兵銃隊《のうへいじゅうたい》と呼称しよう。

農兵銃隊の隊長には苗字帯刀が、隊員にも苗字一刀が、それぞれ認められた。たとえば、蔵敷農兵銃隊では、隊旗をつくり、隊長は洋服を着用し、隊員たちは、制服も誂えていた。そして、江川代官の手附・手代が彼らの調練にあたった。

農兵銃隊に取り立てられたのは、村役人や豪農の子息——将来の地域指導者となる若者たち——であった。幕府が「百姓としての身分をわすれずに、謙虚にしろ」といった、ばかばかしい指示(『田無市史』第三巻)を出したところをみると、農兵銃隊の一員となった若者たちは、おそらく鼻高々だったのであろう。当時の日本では最新鋭であったゲベール銃を手に、「悪党」たちから在地社会を護る彼ら若者たちは、在地社会の英雄となったのである。

〝正統〟な暴力 在地社会の英雄

文久期、「悪党」や「無宿」への対抗として、農兵銃隊という幕府公認の〝正統〟な暴力装置が創られた。村役人や豪農たちは積極的に献金を行い、将来の地域指導者となる若者たちは主体的に調練に参加していった。そして、佐藤彦五郎は日野宿農兵銃隊の隊長に就任した。個人の家と財産を護る剣術修行と在地社会を防衛する農兵銃隊、その両者の結節点に佐藤彦五郎がいた。

幕末社会に登場した農兵の意味は大きい。元和偃武以降、武士が独占してきた武力の一端に百姓が編入されたわけである。仁政と武威という政治理念のもと、社会の安寧を保全するのは幕藩領主の責務であったわけであるが、第一章以降みてきたように、すでにその政治理念は崩れてしまった。そして、文久期、武士の存在意義そのものが問われてゆく。さらに、在地社会における自衛つまり暴力の途が正式に開いたのである。多摩地域の剣術修行した若者たちや、日野宿農兵銃隊の〝活躍〟に関しては第四章で触れたい。

万延から文久期、尊王攘夷運動は在地社会に拡大したが、在地社会の特性によりその方向性は多様であった。また、この時期、それらの諸集団が倒幕を明確に標榜していたとはいえない。

伊那谷・木曽谷の尊王攘夷運動は、平田国学との関係が強固で、京都を意識したものであり、その担い手も村役人・豪農層の大人たちであった。そして、開港地横浜に近い関東では、貿易による物価上昇とそれによる貧困の深刻化、という地域の特性を背景として、外から入った尊王攘夷派が在地社会を巻き込み行動していた。そこで発生した蜂起や政治事件は、くり返すが、幕府を倒すことを標榜したものではなかった。そういう視点からみると、在地社会における尊王攘夷運動は、それぞれの地域がかかえる矛盾を解決するための方便であったともいえる。

ところが、多摩地域では、外部からの尊王攘夷運動派の介入などではなく、地域指導者の強烈な個性のもと、剣術修行や農兵銃隊結成という形で、治安悪化という問題に立ち向かっていったわけである。

このように、それぞれの在地社会には、幕藩領主の視野の外に、さまざまなネットワークが存在し、それが地域独自の問題に対応すべく動いていた。そして、在地社会における尊王攘夷運動や治安維持の担い手の多くは若者たちであった。彼らはそこに自己の居場所(社会的承認の場)を見いだしていったのである。

第四章　元治から慶応期の社会　内戦と分断の時代

元治元年〜２年
（1864〜1865）
慶応元年〜４年
（1865〜1868）

八月一八日の政変により京都追放となった長州藩および、尊王攘夷派は挽回を企図していたが、その中核メンバーが元治元年(一八六四)六月、新選組に急襲され惨殺される。この池田屋《いけだや》事件《じけん》の報を受けた長州藩は、来島又兵衛《きじまたべえ》と久坂玄瑞を中心として京都に出兵――名目は天皇への攘夷歎願であるが、会津藩・薩摩藩排除が主目的であった――、七月一九日早朝、薩摩藩・会津藩・桑名藩らとの間で、禁門《きんもん》の変《へん》と呼ばれる戦闘になる。その日のうちに長州藩は敗北、文久期の長州藩をリードした玄瑞は自害、長州藩は「朝敵」となった。

将軍後見職から禁裏御守衛総督《きんりごしゅえいそうとく》に転じた一橋慶喜は、禁門の変で軍事指揮を執り大活躍、長州藩と尊王攘夷派を一掃したのち、横浜鎖港を進める、として孝明天皇の信頼を獲得する。そして、松平容保(会津藩)・松平定敬《まつだいらさだあき》(桑名藩)――容保と定敬は兄弟であり、それぞれ会津藩主・桑名藩主の養子となっていた――とともに一会桑《いちかいそう》政権を形成する。いっぽう、禁門の変で勝利したにもかかわらず、薩摩藩は相対的に政治力を低下させていった。

そして最幕末の慶応期、社会は中立やあいまいさを許さない、朝廷につく「勤王《きんのう》」か、幕府の側に立つ「佐幕《さばく》」か、という分断(政治的二元論)の時代に突入してゆく。

1　長州藩の復活から幕府滅亡

4−1　高杉晋作挙兵の地，功山寺(下関市).

元治元年七月、朝廷の意向を受けた幕府は、諸藩に「朝敵」長州藩討伐を命じた。これは第一次長州戦争と呼称されるが、長州藩は三家老らの切腹によって恭順し、戦闘を回避した。元治元年一二月、このような藩のあり方にたいして、高杉晋作が奇兵隊を率いてクーデターを決行、藩論を幕府恭順から対抗へと一変させた。禁門の変以降逃亡していた桂小五郎は、長州に戻り高杉らと合流、幕府との抗戦準備を始める。

慶応元年(一八六五)九月、英米仏蘭の軍艦が兵庫沖に来航、朝廷に対して軍事的圧力をかける。将軍家茂と慶喜は孝明天皇を説得、同年一〇月、ついに孝明天皇は欧米列強との修好通商条約を勅許した。安政五年(一八五八)以来の最大の政治問題は解決、幕府が「奉勅攘夷」の妥協案として提示してきた横浜鎖港も意味のないものとなった。この結果、攘夷という暴力行為の正統性は失われた。なお、横浜開港資料館の吉﨑雅規さんの詳細な研究によると、この時期以降、個人による「異人斬り」も急速に減少していったことがわかっている(『幕末江戸と外国人』)。

そのような中で、政治情勢は転回する。「朝敵」の汚名返上のため必死となる長州藩、政治力回復を希求する薩摩藩、両者の思惑が一致したのである。両藩の眼前の目的は一会桑を排除することであり、それは幕府との対決をも意味した。そこに坂本龍馬《さかもとりょうま》の周旋が入り、慶応二年正月に薩長同盟が結成されるわけである。こうして幕府を倒すという組織的行動が具体化されてゆく。

倒れる幕府と雄藩連合構想

慶応二年(一八六六)、幕府は薩摩藩らの反対を押し切り長州藩への攻撃を命令、第二次長州戦争が始まる。薩摩藩を通じてイギリスから購入したミニエー銃などを装備し、大村益次郎が指揮する洋式軍制を採用した長州藩は強く、古くさい幕府軍では討つことなどできなかった。そして戦争の最中、大坂城で将軍家茂が死去する。一橋慶喜は徳川宗家《とくがわそうけ》を継承したが、将軍職就任を固辞した。なお、勅命により第二次長州戦争は停戦となる。

同年一二月、慶喜はようやく将軍職に就任するが、翌慶応三年一〇月には朝廷に将軍職辞任を申し出た。大政奉還である。朝廷はそれを受け入れ、王政復古《おうせいふっこ》の大号令《だいごうれい》を出した。こうして、約二六〇年続いた江戸幕府は、将軍自らの手により倒れた――本書では、以降も便宜的に幕府と表記する――。しかし、政権を返上されても朝廷にはそれを担う人材も運営能力もなかった。制度としての幕府は終焉を迎えたが、徳川慶喜は雄藩連合《ゆうはんれんごう》による公議《こうぎ》政体《せいたい》の樹立をはかり、その頂点に立とうとした。彼は内大臣であり、最大の大名としての経済力と軍事力――第二次長州戦争後、幕府はフランス式軍制改革を実行していた――を保持していたのであり、諸大名の上に立ち政治力を駆使することは可能であった。また、彼は西周《にしあまね》など欧州留学経験をもつ優秀な幕臣を有していた。さらに、外交は彼の独擅場であった。慶喜は政権担当者としての自信をもっていたのである。

「錦旗」と「官軍」

慶応三年(一八六七)一二月、長州藩は「朝敵」を赦免されるが、それよりも前に、長州藩兵は三田尻港(現防府市)を出発し摂津に屯集していた。また、薩摩藩は大軍を上洛させた。そして、岩倉具視と大久保利通は慶喜を排除すべく暗躍、同年一二月の小御所会議《こごしょかいぎ》によって、慶喜の辞官納地《じかんのうち》が決定されてしまう。彼は新政権に残ることはできず、かつて、一会桑政権を形成した松平容保・松平定敬とともに大坂城に退いた。

この間、西郷隆盛は江戸において浪人をつかい乱暴狼藉をはたらかせ、幕府を挑発した。これに対して、江戸市中取締を命じられていた庄内藩は幕府の承認のもと、薩摩藩江戸藩邸を襲撃した。幕府は薩摩藩に反撃の名目を与えてしまった。慶応四年正月三日、鳥羽伏見《とばふしみ》の戦《たたか》いが勃発、その日のうちに薩摩藩と長州藩は「錦旗《きんき》」を掲げ、自らが天皇の「官軍」であり、それに弓引く者は「朝敵」、すなわち討伐対象であることを可視化させた。「錦旗」の効果は絶大であった。

幕府軍が戦闘を続けている正月六日深夜、慶喜は松平容保・定敬らを連れ、開陽丸で江戸に逃亡した。幕府軍は敗走、慶喜・会津藩・桑名藩は「朝敵」となる。なお、松平定敬は母体の桑名藩が恭順したにもかかわらず、箱館戦争まで維新政府軍と戦い続けることになる。

2 天狗党の乱と在地社会

まず、関東の情勢に目を向けてみよう。万延元年(一八六〇)、政治的影響力をもち「烈公」と称された徳川斉昭が死んだ。水戸藩内では尊王攘夷派と保守門閥派との長年の権力抗争が再燃する。八月一八日の政変で、京都から尊王攘夷派が一掃されたことに危機感をもつ過激な一派(以下、天狗党)約六〇名は、元治元年(一八六四)三月二七日、横浜鎖港を実行するため、筑波山に挙兵した。藤田東湖の四男小四郎《こしろう》が中心であったが、わずか二二歳であったため、尊王攘夷派の重鎮田丸稲之衛門《たまるいなのえもん》が総帥に就いた。天狗党は関東の在地社会を恐怖に陥れてゆく。

天狗党の乱という悲劇の主要因は、水戸藩内部の政治闘争にある。さらに、この藩は中央政治の情勢に疎くなったことにも重大な問題があった。水戸藩内の政治闘争激化の様相は外部に漏れており、中央政治の場において、この藩の存在意義は限りなく低下していた。

時勢から取り残された水戸藩

天狗党という存在は水戸藩内の「混雑」＝内紛の結果であり、そのような事態が起こった原因は水戸藩主徳川《とくがわ》慶篤《よしあつ》の優柔不断にある、といった批判が出ていた(「四月一三日付　水戸様御家中内揉之義ニ付探索書写」)。それは事実であった。天狗党の挙兵直後、慶篤は彼らを支持する姿勢を示していたが、その後、保守門閥派と尊王攘夷派の間を右往左往し、一定した立場を維持できなかった——ただし、幕府が天狗党追討を決定しているので、それには従っている——。慶篤に理念や政治的見識などなかった。八月に入ると、江戸にいた彼は政争鎮静化のために、名代として支藩の常陸宍戸《ししど》藩主《はんしゅ》松平頼徳《まつだいらよりのり》を水戸に派遣する。これがまた大混乱をもたらすのである。以下では、天狗党の乱に関係したか、もしくは、関係せざるをえなかった在地社会の動向をみてゆきたい。

緊張する在地社会

関東における天狗党の行動と幕府追討軍との戦闘経過(元治元年)の概略は以下である。

三月二七日　筑波山に挙兵

四月一四日　日光参詣、太平山に籠もる
六月六日　田中愿蔵隊、栃木町焼き討ち
五月下旬～六月上旬　太平山から筑波山に移動
七月七日　高道祖の戦い
七月九日　下妻の戦い
七月二五日から二六日　水戸城下の戦い
八月から一〇月　那珂湊の戦い
一〇月二七日　袋田の戦い
一一月一六日　下仁田戦争
一一月二〇日　和田峠の戦い

四月九日、天狗党は筑波山から下り、家康を祀る日光東照宮参詣のため移動を始めた。この天狗党の行動は緊迫した情報として在地社会に拡散し、恐怖が醸成されてゆく。

天狗党は日光参詣ののち、下野の太平山《おおひらやま》(現栃木市)に籠もり、周辺の村々に金銭強要を行った。その一環として六月六日、田中愿蔵《たなかげんぞう》隊による栃木町(現栃木市)での殺人・強奪・放火が実行された。天狗党は在地社会から忌み嫌われてゆく。なお、彼らは六月中に太平山から下り、本拠を再び筑波山に移している。

その頃、幕府は常陸や下野地域から江戸へ繋がる日光街道の警備を重視し、栗橋関所《くりはしせきしょ》(現久喜市)——街道中唯一の関所であり、利根川の渡河点となっていた——の厳重警備を命じた(「御用留」元治元年四月〜七月)。

太平山の麓にある栃木町には、利根川水系の一つである巴波川《うずまがわ》が流れており、利根川によって栃木町と栗橋は繋がっていた。栗橋関所は緊張し、「浮浪之徒」の横行取り締まりを強調している(「常野州、浮浪之徒追討一件、其外共御用留」)。幕府は、八月一八日の政変により、京都を追われた尊王攘夷派浪士と天狗党との連携を警戒していたのである。

戦闘のはじまり 焼かれる町

六月一四日、幕府は天狗党鎮圧を決定、使番永見貞之丞《ながみさだのすけ》の統轄する軍勢約四〇〇〇人を現地に派遣、古河藩・下妻藩や高崎藩などに厳重警戒と天狗党討伐を命じた。そして、江戸にいた水戸藩保守門閥派の市川三左衛門《いちかわさんざえもん》の軍勢(市川隊)約七〇〇人がまっさきに天狗党追討に向かった。天狗党は幕府・市川隊・諸藩による追討軍によって包囲されようとしていた。いっぽう、天狗党には関東地域の尊王攘夷派や水戸藩領を中心とした在地社会からも参加する者が増加、六月には約一〇〇〇人へと膨れ上がっていた。

七月五日、追討軍は下妻《しもづま》(現下妻市)とその周囲に布陣し、先鋒約三〇〇〇人が小貝川《こかいがわ》左岸の高道祖村《たかさいむら》(現下妻市)に進んだ。そして、七月七日には天狗党約一六〇人との戦闘となる。この緒戦では多勢の追討軍が勝利している。しかし、天狗党には、木戸村（現筑西市）出身で地元の地理に明るい飯田軍蔵《いいだぐんぞう》がいた。七月九日、彼が指揮する天狗党は、追討軍本隊が布陣する下妻の多宝院《たほういん》に夜襲をかけた。油断していた追討軍は敗走する。

この市街戦によって、下妻の町は大きな被害を受ける。追討軍を統轄していた永見は反撃することなく江戸に逃げ帰り、残された下妻藩士も逃亡、その際に自ら陣屋に火を放ったのである。武士たちの戦いによって「町人・百姓」の住居は残らず焼かれてしまった（「龍ケ崎御代官ヨリ高道祖村争戦之義ニ付、大庄屋等ヨリ差出候探索書、相副相達候書簡写」）。下妻から四キロほど南下した新宗道村《しんそうどうむら》（現下妻市）に残された史料（「乍恐以書付御歎声奉申上候」）には、多数の遺棄死体が多宝院にあり、本宗道村《ほんそうどうむら》や新宗道村の百姓は家財道具などを親類のところへ運び込んだ、とある。高道祖の戦いと、下妻の戦いを記録した史料には、天狗党のイデオロギーへの言及や、尊王攘夷の解説などはない。その語彙すら見受けられない。在地社会は天狗党をたんに「浮浪人」「賊徒」と見ていたのである。

在地社会のまなざし

高道祖の戦いと下妻の戦いによって、天狗党は、たとえ幕府であっても自己の行動を阻止しようとする者に対して徹底抗戦する、という意志を明確に示した。そして何より、この戦闘は関ケ原の戦い（慶長五年〈一六〇〇〉）以来、約二六〇年ぶりの内戦であり、北関東の人びとはそれに恐怖した。

横浜鎖港を実行するには膨大な軍資金が必要であり、天狗党は筑波山挙兵直後から、近隣村々に対して金銭押借《きんせんおしかり》を実行していた。この様相については、高橋裕文さんの名著『幕末水戸藩と民衆運動』が詳しい。それによると、天狗党は横浜貿易で利益を得た新治郡片野村《にいはりぐんかたのむら》(現石岡市)の穀屋伝吉を殺害、見せしめとして梟首にした上で、各地の商人から金を取り立てたため、在地社会は恐怖に陥った、という。

また、「水府処置始末」という史料には、天狗党の行為は「押借」同然であり、攘夷を唱えているにもかかわらず、軍律など意識されていない、とある。軍律とは軍隊内部の規律のみならず、外部、すなわち在地社会に対する行動規範も含むものである。攘夷という排外的行為の有効性を高めるには、民衆もふくめ社会が一丸となってその思想に染まる必要がある。徳川斉昭はそれを理解していた。ゆえに、第二章で触れたように郷校を設置し、在地社会に対して国体・尊王攘夷論を注入していったのである。しかし、天狗党の行為はそれを壊していった。軍律がなければ、その集団はたんなる武装強盗団にすぎず、在地社会の理解など得られない。この史料には「堂々タル御親藩」であるにもかかわらず、集団としての彼らは「浮浪之徒」でしかなく、庶民から「押借」同然に金子を集めている、これは世間の嘲笑を招き、水戸藩の恥辱にもなる、とある。在地社会の眼は冷静であった。

ただし、常陸では天狗党を支持し、それに参加する人びとも多くいた。郷校が設置された小川・潮来・玉造・大子などの地域がその中心であった。たとえば、天狗党との関係が強固であった小川村(現小美玉市)の百姓たちは、帯刀を許可され農兵と自称していたが(「諸館始末」)、そのうちの一人、竹内百太郎《たけうちひゃくたろう》はのちに天狗党の首領の一人となり最後まで行動を共にし、敦賀《つるが》(現敦賀市)で処刑されている。

変容する天狗党

天狗党の行動にはなしをもどそう。天狗党追討に出動した市川隊は水戸での政争を重視し、下妻の戦いののち、水戸に帰着、藩内に残っている天狗党の家族らを粛清した。すると、天狗党は、横浜鎖港よりも水戸に戻り、保守門閥派を駆逐することを選択する。水戸藩の内紛から生まれた天狗党の〝本性〟があらわになったわけである。攘夷を目的として参集した浪人たちはこれに反発、天狗党から離脱してゆく。

七月二五日から水戸城下に入った天狗党と、保守門閥派との市街戦が始まるが、ややこしい事態が発生する。松平頼徳の宍戸藩勢が水戸城に入ろうとしたところ、市川三左衛門に拒否され、その混乱の中で、宍戸藩勢と保守門閥派との戦闘も始まってしまうのである。これに加え、八月二八日、若年寄田沼意尊《たぬまおきたか》が指揮する幕府軍が笠間(現笠間市)に到着する。こうして、八月から一〇月までの約三カ月の間、天狗党・宍戸藩勢と、市川勢・幕府軍による大規模な戦闘がはじまるのである。

この那珂湊《なかみなと》の戦いに敗れた天狗党は、組織立て直しのために、郷校が設置され水戸藩尊王攘夷派との関係が深い大子地域を頼った。この時、藩命で宍戸藩勢に随行していた武田耕雲斎《たけだこううんさい》が合流している。彼は水戸藩政治の中枢を担った尊王攘夷派の重鎮であった。天狗党は横浜鎖港が実行不可能であることを悟り、当初の目的を大きく変更、総勢約一〇〇〇人で京都を目指すこととなる。京都には水戸藩出身の一橋慶喜が、禁裏御守衛総督として滞在しているためである。天狗党の行動は、慶喜を通じて自己の行動の純粋さを天朝に伝えてもらいたい、という童心的なものへ転化した。いっぽう、慶喜にとって天狗党は迷惑千万であった。

在地の人びとの思惑

さて、在地社会の動向である。たびたび登場した大子地域の様子をみてみたい。天狗党挙兵の情報は当然、大子地域にも達した。佐藤圭一家文書「文久四年中郷村諸御用御配符留帳」には、初原村《はつばらむら》の神永平介が在地のメンバーを率いて天狗党に参加するので、各村から一人ずつ大子村に集合するように、とある。その結果、この地域から天狗党に約一〇〇人も参加することになる。その多くは、水戸藩尊王攘夷派と関係が強い郷士と称す人びとであった。なお、この中から三五人が死んでゆくことになる(「勤王殉国事跡」)。

しかし、大子地域といえども天狗党一辺倒ではなかった。天狗党を批判する人びとがいたのである。この地域に残された史料「表題欠(天狗諸生之乱顚末記)」は、天狗党の乱に関する情報をあつめて冊子としたもので、戦闘の経過とともに、水戸藩内部の政争を詳述している。この史料の筆者は、天狗党を「浮浪之徒」「烏合《うごう》の衆《しゅう》」とし、攘夷を口実にして所々で暴力行為をしており、幕府の法度にも抵触している、と鋭く批判するいっぽう、保守門閥派も水戸藩の政治を混乱させた元凶とみて、彼らを「奸党」と罵倒している。この筆者は誰なのか不分明であるが、冷静な情勢分析といえる。

天狗党という暴力集団がいくら尊王攘夷を掲げていたとしても、彼らの行動の基底には水戸藩内の政治闘争があり、それをすべてに優先させていた、ということを在地社会は見抜いていたのである。

そして、なんと、保守門閥派に加担する勢力も存在していたのである。彼らは天狗党を「国賊」と罵っていた(「元治元年袋田村子御配賦諸人馬留帳」)。天狗党の乱が鎮静化したのち、保守門閥派に加担した人びとが水戸藩に出した「表題欠(願書、天狗・諸生騒ぎ中、治安についての願)」には、天狗党に対抗した百姓たちを「義民」とし、「恩賞」を出して貰いたい、とある。天狗党に参加した連中の土地等を没収すれば、恩賞は出せるであろう、とまで述べている。彼らは天狗党の乱を利用し、自分たちの経済利益の拡張を図っていたのである。

繰り返すが、大子地域は水戸藩尊王攘夷派の拠点であった。しかし、そこに残された天狗党関係史料には、管見の限り尊王攘夷という文言は出てこない。史料に描かれているのは、反対派もふくめ、天狗党の乱を冷静に分析し、それを利用して身上がりや経済的実利を追求していった在地社会の姿である。

北関東を横断する天狗党

一〇月二七日、大子地域において、水戸藩保守門閥派の軍勢と天狗党との戦闘が起こった。この袋田の戦い後、天狗党は京都に向かうべく北関東を横断、上州地域に入る。そこには、下妻の戦いで敗れ、逃げたと嘲笑された高崎藩の支配領域があった。

天狗党は中山道を避け、脇往還である下仁田《しもにた》街道（現国道二五四号）をとり信州を目指した。雪辱を誓う高崎藩はそれを追撃、一一月一六日、鏑川《かぶらがわ》に沿い東西に伸びる狭い宿場町の下仁田（現甘楽郡下仁田町）で戦闘が始まる。現在でもこの地には、この戦いを記憶する碑が点在している。銃撃戦の弾痕が残る民家の蔵もある。

4-2 「高崎藩士戦死之碑」（下仁田町下小坂）．

この下仁田戦争で、高崎藩士三六人、天狗党四人が戦死した。天狗党は捕縛した高崎藩士を鏑川の河原で処刑している。生きて捕縛されることや、投降することは侮蔑の対象でしかなく、当時、捕虜を保護するという発想はまったくなかった。また、天狗党総裁田丸稲之衛門の小姓野村丑《のむらうし》之助《のすけ》（一三歳）は右腕を切り落とされたため、その日のうちに自害している。刀傷は医師が迅速に処置しなければ、出血多量により死に至るものであり、歴戦をくぐり抜けてきた天狗党はそのことをよく知っていた。戦傷者の多くは、このような最期となったのであろう。なお、下仁田町には丑之助の供養碑がある。

伊那谷に現れた天狗党

高崎藩を破った天狗党は信州に入り諏訪に向かった。天狗党追討の命をうけた松本藩兵と諏訪藩兵約二〇〇〇人は、中山道の和田峠《わだとうげ》で天狗党を迎撃する。一一月二〇日、戦闘に長けた天狗党は高位《こうい》占拠《せんきょ》、大砲を撃ち下ろし、両藩兵を壊走させた。なお、現地にはこの戦闘での死者を弔うための墓碑がある。

その後、天狗党は中山道木曽《きそ》福島《ふくしま》の関所を避けるため、伊那街道（三州街道）を選択した。この戦闘集団は食糧と軍資金を現地調達してゆく。通過点となる伊那谷は未曽有の危機を迎えようとしていた。この地で、天狗党を阻止できるのは飯田藩だけであったが、この藩は天狗党が城下に入らなければ、その通過を黙認するつもりであった。

城下で市街戦が始まれば町人や百姓に被害が出ることは必至であった。この緊迫した場面で、第三章でみた伊那谷の平田国学者たちが活躍する。北原稲雄は天狗党に飯田城下を迂回するよう裏街道を案内し、稲雄の弟今村豊三郎《いまむらとよさぶろう》は天狗党に三〇〇〇両の軍資金を支払うことで乱暴狼藉を回避した。また、多勢子の長男松尾誠《まつおまこと》は、伊那街道を南下し続けると尾張藩と衝突することになるため、西方の険しい山道を登り、清内路峠《せいないじとうげ》（現国道二五六号）を越えて木曽谷に入るよう進言した。このコースをとると木曽福島の関所を迂回して馬籠宿《まごめしゅく》(現中津川市)に出ることができる。

天狗党は、稲雄・豊三郎・誠らに助けられ、大廻りではあるが戦闘を回避しつつ馬籠宿を経由して、中津川宿に出ることができた。中津川宿の間秀矩や市岡殷政といった平田国学者たちは誠実に応対した。彼らもまた天狗党に同情的であった。田丸稲之衛門は感謝を込め、殷政に自分の鎧の片袖《かたそで》を贈った。現在、それは綺麗な状態で中津川市中山道歴史資料館に保存されている。また、横田《よこた》藤四郎《とうしろう》は、和田峠の戦いで戦死した息子(藤三郎)の首の埋葬を殷政に委ね、殷政と秀矩はひそかに墓碑をたてた。それは、現在移転して残っている。

4-3　横田元綱(藤三郎)の墓(中津川市中津川).

このように、伊那谷の平田国学者たちは天狗党に献身的に応対した。のち敦賀で処刑される亀山嘉治《かめやまよしはる》という下野阿蘇郡船越村《あそぐんふなこしむら》(現佐野市)の名主は、平田国学者であり、市岡殷政と近かった。しかし、伊那谷の平田国学者の中から天狗党に参加した者は一人も出なかった。天狗党は清内路峠にむかう際、多勢子の実家竹村家近くを通過した。先述したように、多勢子の長男誠は天狗党に助言したが——おそらく多勢子の指示であろう——、多勢子本人は天狗党の誰とも会っていない。　彼女はこの戦闘集団に価値を見いださなかったのであろう。　岩倉具視に傾倒していた多勢子の現実への眼差しは鋭い。

交通の要衝である伊那谷には、文久期以降もさまざまな情報が入っている。　禁門の変に敗れた尊王攘夷派志士の中には、長谷川鉄之進のように伊那谷に逃げ込む者もいて、稲雄・多勢子らは彼らを一時期かくまっていたのである。　こうした交流から、伊那谷の平田国学者たちは京都の政治情勢を知っていたのである。　彼らは、平田国学者として、存在意義の失せた天狗党を危険な戦闘集団と理解していたのであろう。　ただし、平田国学者として、天狗党の行動には畏怖と敬意を払っていた。　あたかも殉教者を見るように。

しかし、このような献身的・同情的な対応は平田国学者たちに限定されたものであった。　天狗党が入り込んだ山間の馬籠宿はたまったものではなかった。　馬籠宿問屋の大脇信興が残した「年内諸事日記帳」という史料がある。　のち、島崎藤村はこれを手に入れ、その一部分を「大黒屋日記抄」としてまとめた――現在、わたしたちが確認できるのはこの「大黒屋日記抄」である――。　そこには、横浜貿易で利益を得ていた飯田町や中津川宿の豪商が、天狗党に多額の金銭を脅し取られたことが記され、馬籠宿は「大騒動」になった、とある。　また、あくまでも抄録という限定ではあるが、天狗党に触れた場面に尊王攘夷といった語句は登場しない。　日記をしたためた信興は、平田国学の門人を登録した「門人姓名録」には出ていない、つまり平田門人ではない。彼はこの武装集団の素行の悪さを強調し、「浪人衆」「悪党」と罵倒していた。

尊王攘夷の終焉

さて、天狗党のその後である。中津川宿に出たとしても、そこから京都に達する間に、彦根藩や大垣藩などとの戦闘が予想された。一二月、天狗党はそれを避け大きく北に迂回、険しい雪中の山道を越えて越前に入り、そこから京都を目指すルートを選んだ。なお、木《き》の芽峠《めとうげ》を越えて敦賀への途上にある新保《しんぼ》村《むら》(現敦賀市)には、武田耕雲斎が宿泊した「本陣跡」が今も残っている。

4-4　天狗党が収監された鰊蔵(現在は水戸烈士記念館).

この間、一橋慶喜は天狗党追討を朝廷に願い出ていた。天狗党はそれを知る。さらに、幕府追討軍も迫っていた。一二月一七日、力尽きた天狗党は加賀藩に投降する。加賀藩は天狗党を敦賀の諸寺院に分散収容し、厚遇をもって処したが、幕府追討軍が到着すると様相は激変する。この責任者は、かつて天狗党と交戦した田沼意尊であった。彼は容赦なく、天狗党を鰊蔵《にしんぐら》に密集監禁、暖房はもちろん食事もまともにあたえず〝処置〟した。

翌元治二年(一八六五)二月、来迎寺《らいこうじ》において武田耕雲斎ら指導者から処刑が始まる。捕縛された八二三名のうち、なんと三五三名が現地で処刑された。江戸時代、これほど多くの人間が一度に処刑されたという事実はない。現在、処刑地には「水戸烈士《みとれっし》の墓《はか》」があり、近くには鰊蔵が「水戸烈士記念館」として保存されている。この地は海から離れており、なぜ鰊蔵がそこにあるのか、わたしは疑問であったが、多仁照廣さんによると、この鰊蔵はもともと敦賀港にあり、天狗党もそこに収監されていたが、戦後、天狗党関係遺跡として移築されたとのことであり、納得した。

天狗党の乱を最後に尊王攘夷の時代は終わった。尊王は常識になり、あえて声高に主張するものではなくなった。そして、先に触れたように、慶応元年一〇月、孝明天皇が欧米列強との修好通商条約を勅許したことにより攘夷の正統性も消えた。

なお、戊辰戦争が始まると、江戸に向かった相楽総三ら赤報隊《せきほうたい》や、維新政府軍が伊那谷・木曽谷を通行した際に、この地の平田国学者が再び活躍することになる。残念ながら本書で触れることはできなかった。

3　北関東で連続する世直し騒動

横浜開港以降、貿易の影響で全国的な物価高騰が続いていた。第二次長州戦争がこの傾向に拍車をかけ、さらに天候不順が追い打ちをかけた。そのような中、奥武蔵の山間地域にある上《かみ》・下名栗村《しもなぐりむら》(現飯能市)の百姓たちが、慶応二年(一八六六)六月一三日夜、飯能町《はんのうまち》(現飯能市)の米穀商に対して米価値下げの強談(打ちこわし)に出向いた。彼らが暮らす名栗地域には水田がほとんどなく、村人たちの多くは山稼ぎに従事し、飯米は山を下った飯能町から買い入れていたのである。こうして武州から上州の一部にまで及ぶ、武州世《ぶしゅうよ》直《なお》し騒動《そうどう》が始まった。

4-5　飯能河原.

発生当初の武州世直し騒動

六月一四日、飯能河原《はんのうがわら》に結集した約三〇〇人の百姓たちは、飯能町に駆け上り、酒屋八左衛門・堺屋又右衛門などの米穀商を打ちこわした。この打ちこわし後、名栗の百姓たちは帰村したが、騒動は激化・広域化してゆく。騒動に集まった人びとは「世直し」を掲げ、有徳人を打ちこわし、横浜貿易によって利益を得ていた「浜商人《はましょうにん》」を襲撃していった。飯能町の打ちこわしに比べ、その社会的制裁の理由と意味はより一般化され、六月一九日までに世直し騒動は武州の西南と北方に広がった。

この間、世直し勢は抜き身や鉄砲を携行する「悪党」の集団であり、手向かった村は放火され村人は殺害される、

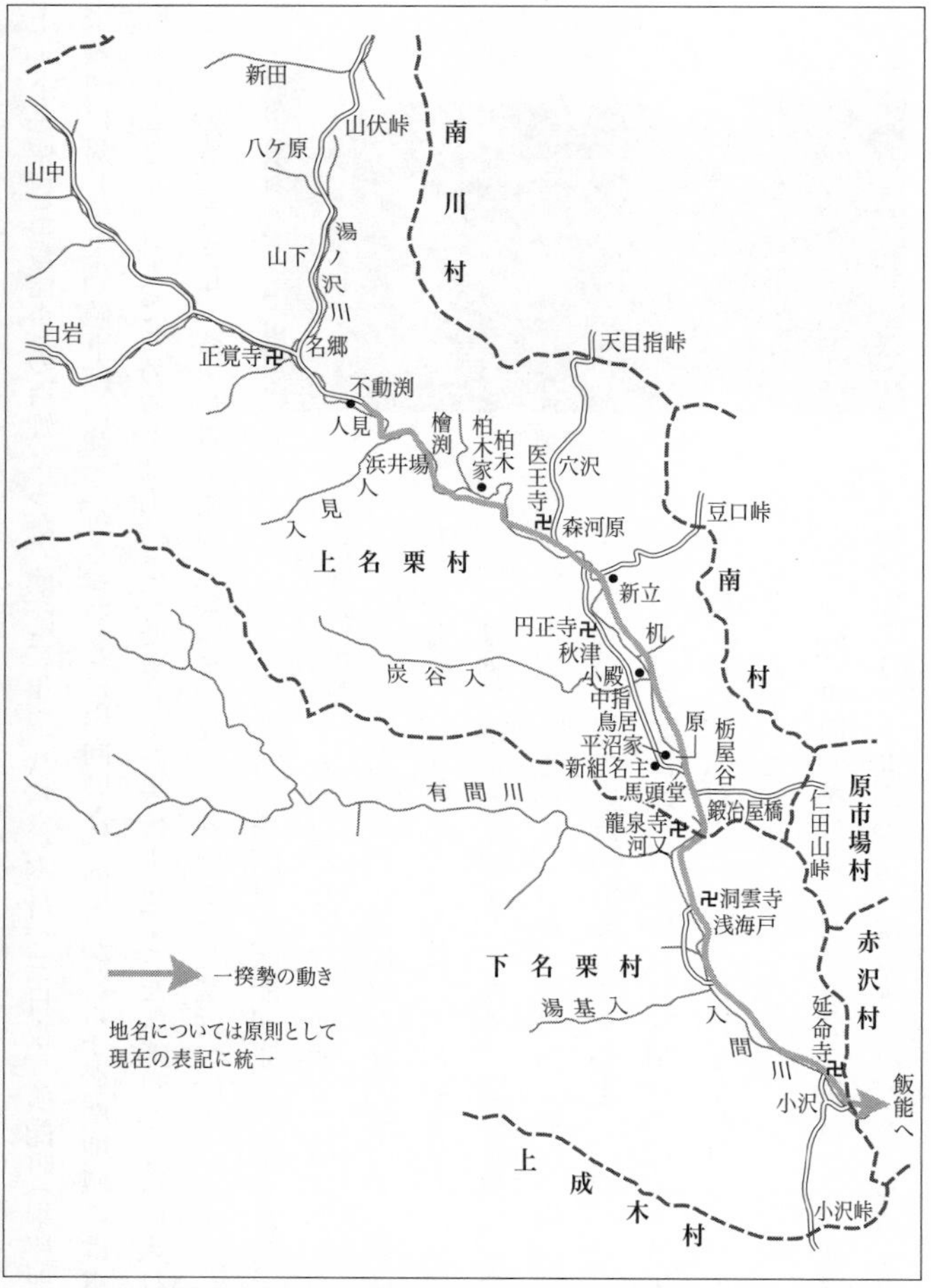

4-6　武州世直し騒動関係(名栗地域)地図(多摩地域については3-5参照).『名栗の歴史』上を参照した.

という風聞が流れていた。そのため、六月一六日から一九日にかけて、武州南部の多摩地域では第三章で紹介した農兵銃隊により、北部の中山道周辺では根岸友山の私兵により、また西部では秩父《ちちぶ》大宮郷《おおみやごう》(現秩父市)の人びとによって、世直し勢は殺害・捕縛されていった。

「掛合」の若者

まず、発生地の名栗地域の様相を確認しておきたい。上名栗村新組《しんぐみ》の組頭平沼源《ひらぬまげん》左衛門《ざえもん》——平沼家は材木商・酒造業・酒店を兼業する名栗地域屈指の豪農であった——が、「変事出来《へんじしゅったい》ニ付心得覚記《つきこころえおぼえき》」という、じつに面白い記録を残していた(以下、「変事心得」)。この史料は、縦横二〇センチほどの小横帳《こよこちょう》であり、他者に読ませるものではなく、個人的な備忘録といえる。この史料には村役人たちの議論と行動の様子が描かれている。

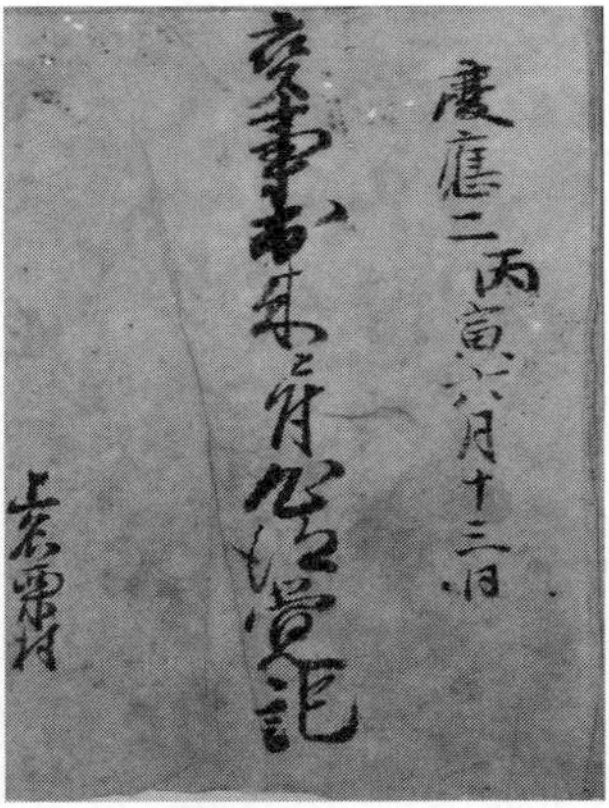

4-7　「変事出来ニ付心得覚記」(飯能市立博物館).

それによると、騒動をはじめたのは小前百姓の若者たちであり、村役人らは彼らを必死で引き留めたが無視されていたことがわかる。

源左衛門ら村役人は、飯能町に打ちこわしに出て行った若者たちを追いかけて行くが、打ちこわしを止めることはできなかった。「変事心得」には打ちこわされた飯能町の様子についてまったく記されていない。源左衛門の関心はそこにはないようである。

飯能町での打ちこわしが終わり、帰村した若者たちは、六月一五日から一六日にかけ、上・下名栗村の村役人や豪農を相手に、小前百姓たちへの施行を要求した。「変事心得」には施行に関する「掛合《かけあい》」＝強談の様子が詳細に記録されている。わたしは、日本全国の百姓一揆・打ちこわし・騒動関係の史料を数多く見てきたが、これほど具体的に強談の様子を記した史料は他にない。

若者たちの代表である松太郎は「掛合」の場を仕切り「上名栗村には二万両くらい出してもらいたい」と言い始め、各豪農が負担すべき金額を割り振った証文まで作成していた。上名栗村名主の滝之助は、そこまでされたのでは「何も名主ハいらぬ」「勝手次第に打ちこわすへし」とふてくされている。

若者たちは「白布たすき・白布之鉢巻」を身にまとい、「六尺棒・とび口」などを帯び、要求を聞かなければ打ちこわすぞ、と村役人を威嚇していたが、村役人・若者双方は同じ村の者であり、もちろん顔見知りであった。村役人が増長する若者たちをいさめると、彼らは「いつもとはちがうのだぞ」と一喝している。強談をリードした若者たちは、実際に飯能町で打ちこわしを実行しているのであり、脅しには凄みがあった。騒動という異常な空間において、在地社会の日常は逆転していた。

詫びる若者　日常の回復

緊迫する強談を鎮めたのは仲裁に入った延命寺《えんめいじ》であった——現在廃寺であるが、飯能市立博物館長の尾崎泰弘さんによると、当時は修験の寺であったそうである——。幕末の在地社会において、寺院の存在意義はいまだに大きかった。村役人たちは若者たちの施行要求を受け容れ、その結果、名栗地域において、打ちこわしや暴力事件などは発生しなかった。

4-8　上名栗村（飯能市）.

ところが、威勢よく「掛合」を行った若者たちは騒動沈静化後、「詫言証文」を作成し、名主滝之助らに公的に謝罪しているのである。それは在地社会が日常に戻るための〝儀式〟であった、といえる。村役人たちは若者たちの傍若無人な言動を、村方が穏便になったので、すべて「聞き捨てる」とし、施金《せきん》一〇〇〇両を上名栗の有徳人たちで小前百姓たちに出す、と述べている。

「変事心得」の記述には、村落内部における政治的・経済的上下関係や、家格の問題が投影されている。そして、最終的に若者が村役人に詫びることによって村落秩序は回復した、というう締めくくりとなっている。第一章と第三章で述べたように、天保期以降、各地の在地社会において若者たちは既存の秩序を揺るがしてきた。そして、彼らの行動は騒動の原動力となり、在地社会の権力関係を逆転させたのである。ただし、それは騒動という非日常的な空間の中だけであった。

多摩地域　江川農兵銃隊の攻撃

武州世直し騒動に参加した人数は、騒動が鎮静化した六月一九日までの七日間で最大で一〇万人余りにまでなったとされている。その間、先述のように世直し勢は「悪党」であり、武器を使用し放火もしている、という風聞が武州地域に広がっていった。不正確な風聞のみが多摩・中山道周辺を駆けめぐり、在地社会に恐怖が醸成されていったのである。

世直し勢が押し寄せた多摩地域の状況を紹介したい。そこには、第三章で紹介したように、幕府公認の農兵銃隊と、佐藤彦五郎をはじめ天然理心流の使い手がいた。この地域では、在地社会の暴力装置が常態化されていたのである。六月一五日から一六日にかけ、代官江川英武の手代たちは、蔵敷村組合・日野宿組合などの農兵銃隊を動員、ゲベール銃で世直し勢を殺害していった。

農兵銃隊　ゲベール銃での攻撃

大正一四年(一九二五)に、佐藤彦五郎の実子俊宣《としのぶ》が父の業績や、新選組との関係などをまとめた「今昔備忘記《こんじゃくびぼうき》」という史料がある。そこには、彦五郎が農兵銃隊を指揮して多摩川の築地《ついじ》河原《がわら》(現昭島市)で世直し勢を殺戮した様子も以下のように描かれている。

毎日激剣の訓練をしていた農兵隊に代官江川から出動の命令が出た。農兵隊は鉄砲の一斉射撃のあと、剣鎗隊が逃走する「土民」を追撃していった。彼らは放火して財貨を盗む「暴民」であった。村役人たちは、この様子を遠巻きに見ていた。

この語りに後ろめたさはない。彦五郎たち農兵銃隊は村々を防衛する幕府公認の〝正義〟の戦力であり、世直し勢は放火・盗みをする「暴民」なのであった。

同様のことは、田無村組合農兵銃隊による、世直し勢攻撃の際にも見られた。柳窪村《やなぎくぼむら》(現東久留米市)で「身命」も惜しまず働き、世直し勢を殺害していったのは、農兵銃隊と「強壮」の者だけであった。村役人も含む村人たちは、遠巻きにして殺戮現場を見物していた。在地社会の暴力は農兵銃隊に収斂《しゅうれん》されたのである。そうすることによって、在地社会は暴力を行使する〝うしろめたさ〟からのがれ、騒動鎮圧後、日常をとりもどしていった、といえる。

中山道周辺　根岸友山の防衛

中山道を北上した世直し勢もいた。六月一六日、彼らの一部は甲山村(現熊谷市)の豪農根岸友山家を襲撃した。この時の様子は友山が著した「夕立の雨」(以下、「夕立」)に記されている。根岸家は代々甲山村の名主の家系であり、友山も地域指導者としての意識が高かった。彼は若い頃、江戸に出て玄武館で剣術を修行した。そこは第二章で触れたように尊王攘夷運動の拠点であった。安政期以降、平田国学者でもあった友山は急速に尊王攘夷運動に傾倒、江戸の長州藩邸に出入し、長州藩尊王攘夷派と交流しはじめ、資金援助を行うようになる。また、彼は玄武館での修行の成果を生かし、甲山村に振武《しんぶ》所《しょ》という道場を開き、在地の若者に剣術を教えていた。

文久三年(一八六三)、五五歳の友山は清河八郎の浪士隊に参加し上京するが、計画が頓挫したため帰村している。慶応三年(一八六七)、彼は出流山《いずるさん》(現栃木市)に挙兵した竹内啓《たけうちひらく》らに呼応するが、失敗している。五〇歳を過ぎても彼は活発であった。地域有数の豪農根岸家に生まれた友山は、地域指導者としての自覚を強くもっていた。その意味で、多摩の佐藤彦五郎や小島鹿之助と同類といえるが、政治的方向性は正反対であった。

さて、武州世直し騒動の際の友山である。「夕立」の記述に、米価が上昇し困窮する中、飯能の富者に借金を頼んだが断られたので、名栗の者は生きる術がなくなってしまった、とある。彼は名栗の民に同情的であった。しかし、根岸家を襲撃してきた世直し勢には容赦なかった。世直し勢は放火・盗みをしているとして、友山の剣術指導を受けた若者たち「根岸党」が、世直し勢を迎え撃つことになる。友山は、向かってくる世直し勢を斬り伏せたと語っている。このように「夕立」では、幕府や藩などにたよらず自分たちで防衛した、ということが強調されているのである。友山に幕藩領主を頼る意志はまったくなかった。

武州北西地域 激昂する人びと

六月一七日から一九日、大宮郷に向かった世直し勢は、地元の人びととの攻撃を受け壊滅した。秩父《ちちぶ》絹《ぎぬ》の仲買商であり心学者でもあった井上如常《いのうえにょじょう》が残した「秩父近辺打毀一件」(以下、「近辺」)には、この時の様子が詳述されている。なお、秩父郡の蘭方医伊古《いこ》田純道《たじゅんどう》が記した「賊民略記」という史料があるが、打ちこわしに関しては同じような内容となっている。

六月一七日、秩父地域を支配する忍藩《おしはん》は、大宮郷の陣屋が世直し勢に襲撃される、として陣屋防衛のために「血気之者」を出動させるように、と町役人に命じた。しかし町役人は、大宮郷の住民をまきこむことはやめてもらいたいと主張、忍藩はあきらめて引き上げている。

一九日、陣屋ではなく大宮郷が打ちこわされてしまう。すると、この地域の人びとは激昂し「賊徒」を討ち取るとして、二〇人ほどの「先手」が、世直し勢に斬り込んでいった。「近辺」には、世直し勢の即死や手負いが数知れずであった、とある。

「近辺」の終盤は、世直し勢を殺害・捕縛したことによって地域の安寧は回復した、という記述となっている。秩父地域の人びとは、幕藩領主の動員は拒否しつつも、地域防衛のためには動き、報復のための暴力も選択していたのである。

上州地域 農兵設置計画

六月一八日、中山道を北上した世直し勢は利根川支流の烏川《からすがわ》を越えて上州倉賀《くらが》野《の》(現高崎市)に入った。幕府岩鼻陣屋《いわはなじんや》の軍勢は、この一群を撃退した。岩鼻陣屋は北関東地域における幕府権威の象徴であったため、勘定奉行小栗忠順《おぐりただまさ》は、その軍事力補塡を企図し、西上州地域を中心に農兵の取り立てを計画した。慶応四年、小栗は維新政府軍との徹底抗戦を主張し罷免されるが、配下の関東取締出役渋谷《しぶや》鷲郎《わしろう》は、中山道を進軍して来るであろう維新政府軍との戦闘に備えて、農兵隊の取り立てを実行した。

上州世直し騒動のはじまり

西上州地域で結成されようとしている農兵隊は、江川が創設した農兵銃隊のような在地社会の治安対策ではなく、維新政府軍との戦闘、つまり武士同士の内戦に動員されるものであった。これに対して、村々は費用が嵩《かさ》むことと戦死を恐れ、猛反対した。渋谷は戦闘出動の際には報酬を二倍出す、戦死した場合には見舞金を一〇〇両支払うなどと懐柔するとともに、「反対するものは首を切る」という強硬策に出た(『新編高崎市史』通史編三)。

上州地域の世直し騒動を詳細に研究した中島明さんは、百姓たちが渋谷や役人たちを「打殺」すと激昂していた、と論じている(『幕藩制解体期の民衆運動』)。武士たちの内戦に協力するつもりはない、というのが「気嵩」とされた(第一章)上州の百姓たちの声であった。彼らは、小栗忠順と渋谷鷲郎を憎み、さらに農兵取り立てに協力した村役人たちに憤りを抱いてゆく。

慶応四年(一八六八)二月二三日、多胡《たご》郡神保《ぐんじんぼ》村《むら》(現高崎市)の辛科神社《からしなじんじゃ》の境内に約一〇〇〇人の百姓たちが集まった。彼らは、渋谷の農兵取り立て計画に参与した村役人たちの弾劾と、開港以降の物価上昇により多くの人びとが困窮する中で、富を拡大している質屋・米穀商人を襲撃する、として動き始めた。上州世直し騒動が始まったのである。

鬼金と鬼定

ところで、罷免された小栗は、上州群馬《ぐんま》郡《ぐん》権田《ごんだ》村《むら》(現高崎市)の東善寺《とうぜんじ》に隠遁していた。すると、幕府の多額の軍資金がそこにある、との風聞が流れ出したのである。三月四日、二〇〇〇人ほどの世直し勢が、小栗のいる東善寺を襲撃した。小栗はかつて特産物の生糸に多額の運上金を賦課し、農兵取り立ての最高責任者でもあった、というのが社会的制裁の正当化であり、彼が隠した軍資金を奪う、ということが襲撃目的であった。世直し勢はじつによく情報を集めていた。

4−9　小栗忠順の隠遁場所，東善寺（高崎市）．

この場面で、鬼金・鬼定という、無頼・無宿を想起させる名前の頭取が登場する。この二人は「鉄砲を持参して世直し騒動に参加するように」との廻状を村々に出していた(「群馬郡本郷村頭取鬼定・鬼金一揆廻状」)。彼らは小栗の配下によって撃退されてしまうのであるが、無頼・無宿を含む武装した世直し勢が、幕府高官を襲撃し戦闘に及んだのである。前代未聞の出来事であった。

維新政府軍が来襲するという中、幕府の「御威光」は霧散した。渋谷鷲郎ほか、幕府岩鼻陣屋の支配役人らは逃亡、七日市藩《なのかいちはん》や小幡藩《おばたはん》など三万石以下の小藩は、支配地域を防衛することを放棄し、世直し勢に「降参」した。

上州世直し騒動が広がる三月八日、維新政府軍が高崎城に入る。彼らは、既存の統治権力が崩壊し暴力化した在地社会に、「御一新」を掲げて入ってきた占領軍であった。そして、「無頼之悪徒」跳梁跋扈による混沌の原因は幕府陣屋役人の逃亡にある、という内容の高札を出し、上州や武州の諸藩に「無頼之悪徒」の鎮撫を命じた(『復古記』第一一冊)。

慶応期、このように、武州や上州地域において広域な世直し騒動が有機的に関連しつつ発生した。なお、下野地域においては、慶応四年四月初め、幕府軍と維新政府軍の戦闘が始まる中で世直し騒動が起こっていた。これらの騒動は、それぞれ在地社会の特性に応じ展開したが、騒動勢とこれを鎮圧する側、双方ともにコミュニケーションをとることなく、暴力を発動した、という点が共通していた。そして、明治初年になっても暴力化した騒動は続いてゆく。在地社会の秩序が安定するのは、まだまだ先のことであった。

4　戦場となった北関東

鳥羽伏見の戦い後、江戸に逃げた徳川慶喜は謹慎したが、幕府の軍事勢力は残っていた。それらを簡単に分類すると、彰義隊《しょうぎたい》などの幕臣グループ、大鳥圭介《おおとりけいすけ》の指揮する伝習隊《でんしゅうたい》、新選組の残党、古屋佐久左衛門《ふるやさくざえもん》の統轄する幕府歩兵となる。そして、これらの軍事勢力はそれぞれ、関東・北越・東北の戦闘に参加し、さらにその残存部隊は箱館五稜郭《はこだてごりょうかく》で、旧海軍副総裁の榎本武揚《えのもとたけあき》や旧若年寄の永井尚志《ながいなおゆき》、そして桑名藩主松平定敬らの軍勢と合流し、明治二年(一八六九)五月まで戦い続けることになる。

さて、東国での内戦についてである。一般に会津戦争が著名であるが、ここでは、ほとんど知られていない梁田戦争《やなだせんそう》と飯能戦争《はんのうせんそう》、そして庄内戦争《しょうないせんそう》を素材として、それらに関連した在地社会の様相をみてゆきたい。なお、本書では幕府軍と維新政府軍との戦闘の表記(個別名称)については、史料文言や在地社会での呼称を踏襲する。

幕府歩兵の誕生と弾左衛門の取り込み

文久二年(一八六二)、幕府は親衛常備軍の創設を企図、旗本知行地から百姓を供出させ兵卒として訓練を行った。幕府歩兵の誕生である。そして、第二次長州戦争の惨敗後、幕府は大規模な軍制改革を実行、大量の兵員確保の必要から傭兵《ようへい》取り立てを計画、江戸市中の腕っ節に自信のある武家奉公人や、博徒・無頼らを採用した。これ以降、幕府歩兵は乱暴者集団として悪名をあげてゆく。ただし、勘定奉行小栗忠順が創設した幕府歩兵は、慶応三年(一八六七)、大鳥圭介によるフランス式軍事訓練を受け、最新鋭の兵装をもった精鋭部隊(伝習隊)となった。なお、圭介は緒方洪庵の適塾出身である。

さらに、幕府は江戸浅草の弾左衛門《だんざえもん》が支配する穢多《えた》の動員も計画した。幕末社会を理解するために、このことにも触れておきたい。これには第二章でみた松本良順が関係していた。立身出世し、幕府奥医師となっていた良順が、慶応三年、穢多頭の弾左衛門を訪問し交渉した、とされる。良順の自伝『蘭疇自伝』には、

薩摩藩が江戸の穢多を取り込む危険性がある。被差別身分を設けたことは幕府の失策であり「天理に背」いたことであるから、それを撤廃し薩摩藩の接近を防ぐべきである、と幕閣に説いたが、みな「冷淡」であるので、直接弾左衛門に面会した。

とある。第二章でみたように、江戸っ子良順は行動力旺盛で、新選組の近藤勇とも交流があった。そうであるとしても、彼ほどの高位高官が弾左衛門を訪れたことに違和感をもつかもしれない。この問題を理解するために、明和・安永期まで時間を遡り、蘭方医と穢多との関係に触れておきたい。

明和八年(一七七一)、杉田玄白《すぎたげんぱく》・前野良沢《まえのりょうたく》・中川淳庵《なかがわじゅんあん》ら蘭方医は、小塚原の刑場において「老屠《ろうと》」による罪人の「腑分《ふわ》け」=解剖を見学した。『蘭学事始《らんがくことはじめ》』によると、この九〇歳になろうという「老屠」は穢多虎松の祖父であり――穢多身分は基本的に世襲なので「老屠」も穢多

である——、若い頃から蘭学者の要請によって「腑分け」を度々行っていたという。穢多は生業として死牛馬の解体に従事し、遺体処理にも関係していたので、生き物の器官に詳しかった。いっぽう、蘭方医たちは人体解剖の経験などなく、穢多から「腑分け」の解説を受けていた。研究と臨床に熱心な蘭方医は、伝統的に穢多との接点をもっていたのである。『蘭学事始』の記述に穢多に対する蔑視的表現はない。そのような蘭方医の知的伝統は幕末でも生きていて、良順もその〝空気〟の中にいた、ということである。

ところで、『蘭疇自伝』は明治三五年（一九〇二）に書かれたものであり、良順の豪放磊落なイメージに合ったストーリーとなっており、歴史的事実との相違も多々見られ、また、人道的な見解が述べられている箇所もある。しかし、それらを幕末当時の言説として信用するわけにはいかない。また、弾左衛門との交渉経緯は、モヤモヤとしたものとなっており、具体性がない。弾左衛門が幕府に提出した「弾左衛門身分引上」によると、弾左衛門が穢多身分からの脱却と引き換えに、穢多による銃隊編成を願い出た、とある。これが歴史的事実であり、良順はその仲介役となっていたのであろう。

慶応期、大政奉還によって幕府支配は空洞化している。幕府は世襲的身分制度の維持よりも、江戸の市街戦という最悪の事態を想定した軍事力強化に動き、博徒・無頼までも含んだ歩兵募集をおこない、さらに穢多動員も計画したのである。弾左衛門家は江戸時代を通じて、穢多の地位向上と利権獲得のため動いていたのであり、今回も差別撤廃のために銃隊編成を利用した、と理解すべきであろう。

ついでながら、松本良順のその後である。彼は会津戦争と庄内戦争に参加し、戦傷者の治療を行い、のち戦場を去り横浜に戻ったところを維新政府軍に捕らえられる。明治二年に釈放されたのち、陸軍軍医部の編成に尽くし、明治六年(一八七三)、初代陸軍軍医総監となっている。

遠ざけられる抗戦派

鳥羽伏見の戦いで徳川慶喜に見捨てられ、その後、江戸に戻り自暴自棄となった幕府歩兵は、市中で乱暴狼藉を働き、また集団で脱走した。いっぽう、維新政府軍は中山道と東海道から江戸に侵攻して来た。幕府内では、陸軍総裁勝海舟らの恭順派が抗戦派を排除すべく動いた。抗戦派の近藤勇や土方歳三ら新選組の残党は甲府城掌握を命じられ、甲陽鎮撫隊《こうようちんぶたい》を組織し甲州街道を進行する。これに関連して、第三章でみた佐藤彦五郎が登場する。

「井上松五郎宛書翰」によると、彦五郎は、鳥羽伏見の敗戦ののち、江戸に戻った土方歳三から、維新政府軍の西洋式軍備が優秀であるとの情報を得て、さっそく横浜で新式「元込筒《もとごめつつ》」(スナイドル銃か)を二〇挺購入していたことがわかる。書翰には、ゲベール銃を一発撃つ間に新式「元込筒」は五発撃つことができる、とある。そして、彦五郎は、多摩地域の百姓を組織して春日隊《かすがたい》を結成、甲陽鎮撫隊と合流すべく近藤・土方たちの後を追った。

しかし、慶応四年三月六日、甲陽鎮撫隊と春日隊は甲府城にたどり着く前に、勝沼(現甲州市)で板垣退助の指揮する維新政府軍との戦闘に敗れ、壊走してしまう。その後、土方と近藤は敗残兵を率いて、下総の流山《ながれやま》(現流山市)へ転戦したが、近藤は維新政府軍に降伏、四月に板《いた》橋《ばし》で処刑され、土方は下野・会津と戦い続け、箱館戦争で最期を迎える。新選組に集まった多摩の若者たちの幕末は終わった。みな死んでいった。なお、彦五郎は維新政府軍の追及を逃れるため明治初年まで身を隠している。

北関東最初の戦い　梁田戦争

抗戦派の古屋佐久左衛門は、勝海舟から信州方面鎮撫の命を受け、歩兵頭並となり歩兵第六連隊を引き連れ江戸を出立、中山道を北上し忍城《おしじょう》に入る。そこで、脱走歩兵や上州世直し騒動の元凶となった渋谷鷲郎と合流、軍勢は約九〇〇人となる(以下、古屋隊)。この古屋隊の行軍によって、天狗党の乱さめやらぬ北関東がまた戦場となるのである。

真下菊五郎という上州出身の現役陸軍少尉が、綿密な現地調査と聞き取りによって編纂した『明治戊辰梁田戦蹟史』(大正一二年〈一九二三〉刊行)という史料がある。これは一級のオーラル・ヒストリーの書といえる。そこには、古屋の関係者や、古屋隊・維新政府軍双方の戦闘参加者のみならず、地元の人びとの戦争経験が叙述されている。この史料をもとに、北関東での最初の戦闘である梁田戦争の様相をみてゆきたい。

慶応四年三月一日に江戸を出発した古屋隊は、四日には中山道からはずれ日光脇街道《にっこうわきかいどう》に入り、羽生陣屋《はにゅうじんや》(現羽生市)に立ち寄ったのち、利根川を渡り館林《たてばやし》(現館林市)へと向かっている。信州を目的地としていた彼らが中山道から逸れたのは、維新政府軍の一部が中山道を進み、すでに武州地域に入っていることを知ったからである。信州は維新政府軍の支配下にあり、古屋隊の目的は消滅した。中山道を強行すれば、維新政府軍との戦闘は不可避となる。のちに触れるように、古屋隊は会津へ向かうことになるが、それはこの段階で決定していたようである。

維新政府側につく算段をしていた館林藩は驚愕、古屋隊の城下通行を阻止するため、進路を例幣使街道の梁田宿(現足利市)に変更することを勧める。古屋隊はこれを受け入れ、八日には梁田宿に宿営し油断しきっていた。現地は関東平野の北端とはいえ、下野の山塊から距離がある平坦地であり、山野や森林といた遮蔽物《しゃへいぶつ》が少ない防禦には不適合な場所である。宿の南面は広く開けているいっぽう、北側には渡良瀬川《わたらせがわ》が貫流しており、三方から包囲され、砲撃・銃撃を受ければ、ひとたまりもない場所といえる。事実、維新政府軍はそのように攻撃した。

まったくもって古屋隊は油断しきっていた。実家が梁田宿で旅館を経営していた斎藤信吉《さいとうしんきち》の記憶によると、この夜、古屋隊の兵隊は飲めや歌えのどんちゃん騒ぎをしていたようである。繰り返すが、古屋は維新政府軍が中山道を南下して、武州に入っていることを知っていた。そこから梁田宿まで、わずか五里である。なぜ、彼らはこのような戦闘に不利な地に宿営し、さらにあろうことか油断していたのであろうか。古屋の指揮官・戦術家としての能力の問題もあるが、古屋隊の母体が博徒・無頼を含む、行き場を失った傭兵集団であり、軍律が機能していなかった点が最大の難点であったといえよう。信州方面鎮撫の目的を失った古屋隊には将来的展望などなく、〝食うため〟に集団化しているにすぎなかったのである。

中山道を熊谷宿《くまがやしゅく》(現熊谷市)まで南下した維新政府軍の斥候隊約二〇〇人は古屋隊の存在を察知、九日早朝、奇襲をかけた。戦闘は二時間ほどで終わり古屋隊は敗走する。戦死者は、古屋隊六三名、維新政府軍三名であった。なお、梁田宿では民家四〇軒が焼失、死者一名が出た。

敗走した古屋隊は、渡良瀬川を越え田沼《たぬま》・鹿沼《かぬま》を経由し会津街道に入る。この途上にあった小中村《こなかむら》(現佐野市)の名主は、なんと二七歳の田中正造《たなかしょうぞう》であった。彼は「みすごし難き所なれば」として、村人を指揮して敗残兵となった古屋隊の負傷者の手当てをしていた(「田中正造昔話」)。なお、会津に入った古屋は隊を再編成、衝鋒隊《しょうほうたい》と命名して北越戦争《ほくえつせんそう》から五稜郭の戦いと転戦し、そこで戦死する。

次に、『明治戊辰梁田戦蹟史』に掲載されたエピソードのいくつかを紹介したい。古屋隊に参加した若者広川源七郎《ひろかわげんしちろう》(江戸の柔術家)によると、渋谷鷲郎が江戸で傭兵を募集していた、とある。また、梁田戦争当日は「命令もなにもあったものではなく、手当たり次第のものを持って逃げ出」し、「渡良瀬川の何処を渡ったかも覚えていない」状態であったという。

4−10 「梁田戦争戦死塚」(長福寺).

天狗党の乱(元治元年)の際に人足として駆り出された梁田宿の若者が、梁田戦争の時にも古屋隊もしくは維新政府軍に使役された。当時、二五歳であった木村房吉は古屋隊に使われたが、戦闘がはじまった途端に逃げ出し、大きな杉の木の上に登り戦闘を見物していた、という。また、長純一郎(当時一一歳)は「首のないものや、切腹をしたもの」などがいて「随分惨憺《さんたん》たるものでした」と語っている。なお、このように敵兵の首を取るという行為は梁田戦争に限らず、戊辰戦争のさまざまな局面において行われていた。これに関しては庄内戦争の際に触れたい。

梁田宿の被害は甚大であったが、戦闘に巻き込まれたり、直接被害をうけなかった限りにおいて、在地の人びとにとって、梁田戦争は武士同士の殺し合いでしかなかった。それでも、梁田の人びとは古屋隊の遺棄死体を埋葬し墓標を建て、明治一三年(一三回忌)に法要を行っている。

なお、梁田戦争終結後、下野地域では四月から八月にかけて宇都宮戦争などが起こった。そして、この地域では内戦が広がる中、三月から四月にかけて世直し騒動が発生したのである。

これらに関しては、大嶽浩良さんの『下野の戊辰戦争』が詳しい。

江戸開城と飯能戦争

慶応四年（一八六八）四月、江戸城は無血開城となった。しかし、幕臣たちが結集した彰義隊は維新政府による解隊命令に従わず、上野寛永寺に立てこもり、江戸市中において、しばしば維新政府軍兵士と衝突した。江戸っ子は彰義隊を応援するいっぽう、薩長の占領軍を田舎者として嫌悪した。維新政府の権威は低下していた。さらに、維新政府として看過できないのは、彰義隊が寛永寺の貫主である輪王寺宮を担ぎ出したことである。当時、北関東から東北地方の帰趨は不透明であった。第三章でみたように、輪王寺宮には政治的利用価値があった。「佐幕」勢力が輪王寺宮のもとに結集すれば、正統性の奪い合いとなり内戦は長期化する。

慶応四年五月、維新政府軍約二〇〇〇人は、寛永寺にこもった天野八郎《あまのはちろう》ら約一五〇〇人の彰義隊を包囲攻撃した。わずか一日で彰義隊は潰滅させられた。なお、輪王寺宮は榎本武揚の幕府海軍とともに東北に向かい、奥羽越列藩同盟《おううえつれっぱんどうめい》の盟主に擁立される。しかし、後述するように、東北の戦争は半年ほどで決着する。南北朝の動乱のような混沌とした社会は到来しなかった。

この彰義隊の内部分裂から分派したグループがあった。徳川慶喜に仕えていた渋沢成一郎《しぶさわせいいちろう》（渋沢栄一《しぶさわえいいち》の従兄弟）ら約二〇〇人が、天野八郎と対立し上野山を去っていたのである。この集団は振武軍《しんぶぐん》と名乗り、武州西部の田無に入り、武州世直し騒動の傷が残る入間地域や多摩地域の村々から軍用金を徴収した。そして、上野戦争で敗れた彰義隊の残党と、幕府歩兵の臥龍隊《がりゅうたい》が

4-11　能仁寺(飯能市).

合流、この集団(以下、振武軍等)は一五〇〇人ほどとなった。

五月一八日、振武軍等は、より防禦しやすい地を目指し、田無から北西にあたる奥武蔵山間地帯の麓、飯能町に入った。二年前、武州世直し騒動で打ちこわしを受けた飯能町である。いっぽう、維新政府軍は岡山藩・福岡藩、そして川越藩などに残敵掃討《ざんてきそうとう》を命じた。

二〇一一年、飯能市郷土館(現飯能市立博物館)が特別展で飯能戦争を詳細に取り上げた。以下、それを参照しつつ、飯能戦争の様相をみてゆきたい。

五月二三日、戦闘は笹井河原《ささいがわら》(飯能町の東北)から始まった。維新政府軍は飯能町に大砲を打ち込み、振武軍等を能仁寺《のうにんじ》に追い詰め、一日で殲滅させた。名刹能仁寺は焼けてしまった。振武軍等の敗残兵は、西・北に広がる山地に逃げ込んだが、多くは捕縛、斬首された。指揮官の一人であった渋沢平九郎《しぶさわへいくろう》(渋沢栄一の養子)は、顔振峠《かあぶりとうげ》(現越生町《おごせまち》)で自害している。

戊辰戦争期の政治と社会に関して、鋭い論点を出している宮間純一さんは、在地社会も「勤王」「佐幕」という二元論の影響下にあった、と論じている(『戊辰内乱期の社会』)。飯能町は「佐幕」であると周囲から認識されていた。維新政府軍は飯能町の民家や寺を容赦なく焼いた。先に触れた能仁寺のほかに、智観寺《ちかんじ》・観音寺《かんのんじ》・広渡寺《こうどじ》も焼かれてしまった。しかしいっぽう、振武軍等に対して反感を示した人びともいて、「賊徒」＝振武軍等を追い散らしたという。

梁田戦争からはじまる下野での戦闘や、上野戦争・飯能戦争で、関東地域は「錦旗」を掲げた維新政府軍によって鎮定された。戊辰戦争の焦点は東北に移ってゆく。

5　東北戦争と在地社会の動向

鳥羽伏見の戦いから一〇日ほど後、維新政府は仙台藩に対して、「朝敵」会津藩を討つことを命じた。迅速な動きであった。しかし、仙台藩は動かなかった。幕末の仙台藩の動向を考察している栗原伸一郎さんによると、仙台藩には非常時に奥羽の秩序を維持する、という鎮守府将軍の後継であるとの自負があったという(『戊辰戦争と「奥羽越」列藩同盟』)。仙台藩は、会津「征討」となれば奥羽全体が戦争に巻き込まれるとし、これを避けることを企図していた。

慶応四年(一八六八)二月二六日、仙台藩は会津藩赦免《しゃめん》の建白書を京都の維新政府に提出するが、無視されてしまう。三月二日、「朝敵」会津討伐と東北平定のため、九条道孝《くじょうみちたか》を総督とし、長州藩世良修蔵《せらしゅうぞう》と薩摩藩大山綱良《おおやまつなよし》を参謀とする約四〇〇〇人の奥羽鎮撫軍が、「錦旗」とともに海路仙台に向かった。江戸に侵攻した東征大総督府参謀の二人、西郷隆盛(東海道先鋒参謀)や板垣退助(東山道先鋒参謀)と比較すると、奥羽鎮撫軍の責任者はあきらかに格下であった。維新政府は東北諸藩が「錦旗」に弓引くとは思っていなかったのである。しかし、慶応四年の春、東北は戦場となった。その経過を簡単に示すと以下となる。

慶応四年

二月八日　庄内藩も「朝敵」とされる
三月　会津藩、防衛体制をとる
四月一〇日　会庄同盟
四月二四日　庄内戦争開始
五月一日　会津戦争開始
五月三日　奥羽列藩同盟成立
五月六日　奥羽越列藩同盟成立
七月四日　秋田藩、奥羽越列藩同盟から脱退
七月一二日　新庄藩、奥羽越列藩同盟から脱退
九月四日　米沢藩降伏
明治元年(慶応四年九月八日改元)

九月一五日　仙台藩降伏
九月二二日　会津若松城落城
九月二七日　庄内藩降伏

江戸開城より一カ月ほど早い三月二三日、維新政府軍は仙台に入り、仙台・米沢両藩に会津藩を降伏させるよう命じたが、会津藩が拒否する。そしてさらに、維新政府軍は庄内藩を「朝敵」＝討伐対象とした。しかし、その論拠は希薄であり、庄内藩自身を含め東北諸藩はそれを薩摩藩の私怨——薩摩藩江戸藩邸焼き討ちへの報復——とみた。

戦争準備に入る庄内藩

「佐幕」「勤王」と藩論がゆれる東北諸藩の中で、庄内藩は譜代名門という意識が強く、「佐幕」の藩論は堅固であり、自衛のために会津藩と軍事同盟(会庄同盟《あいしょうどうめい》)を締結し、領内の豪商や豪農に御用金をかけ、洋式軍備を整えていた。第一章に登場した酒田の豪商本間家は、今回も多額の献金を行った。奥羽越列藩同盟の盟主仙台藩と米沢藩の軍備が古くさいままであるいっぽう、庄内藩のそれは本間家——本間家は、武器商人スネルとのコネクションをもっていた——を通じて洋式化された。また、農兵約一七〇〇人、町兵約六〇〇人もの志願があった。庄内戦争は百姓・町人も参加した郷土防衛戦となったのである。さらに、庄内藩預かりとなっていた新徴組もいた。新徴組隊士とその家族は江戸を引き払い、鶴岡城下から四キロほど南西にある湯田川温泉《ゆたがわおんせん》(現鶴岡市)に移住し、英国式銃隊編成の訓練を受け庄内戦争に参加したのである。なお、彼らの多くは明治維新後もここに居住し生涯を終えた。現在、この地には新徴組墓地がひっそりと残っている。

先の略年表で見るように、東北戦争は庄内藩の戦闘から始まり、同藩の降伏で終わったのである。会津藩の悲劇が多く語られるが、ここでは、第一章でも登場した庄内藩とその在地社会の様相をみてゆきたい。

奥羽越列藩同盟の結成

天童《てんどう》(現天童市)に入った維新政府軍は四月七日、天童藩・新庄藩・秋田藩に庄内藩征討を命じた。東北戦争の際、わずか二万石の天童藩は時勢に翻弄されることになる。これらの隣接諸藩が維新政府軍に従ったことを受けて、庄内藩は防衛のため、四月一九日に軍事動員を発令、正規兵約四〇〇人からなる大隊を四つ編成し、これに新徴組と農兵・町兵(以下、農兵)を付随させた。

四月二四日、東北地域での最初の戦闘が奇しくも清河八郎(第三章)の出身村である清川で始まった。この地には日本海側の庄内と内陸部の天童・山形とをつなぐ最上川が流れており、舟運の盛んなところであった。また、陸路で天童・山形地方から鶴岡方面にむかう際にはここを通過することとなるわけであり――鶴岡城下まで約二〇キロである――、庄内藩はこの地を清川口と呼称し関所を設置して管理(監視)していた。この要所で、庄内藩と維新政府・新庄藩軍とのあいだで激烈な接近戦が発生、死傷者は、維新政府・新庄藩軍二一人、庄内藩軍二一人にのぼった。この清川口の戦いから、明治元年九月二七日の降伏まで約五カ月におよぶ庄内藩の戦いがはじまる。なお、現在、ここは「歴史の里　清川」として、清河八郎記念館や清川関所が整備されている。

四月二六日、酒井《さかい》兵部《ひょうぶ》が率いる三番大隊と、途中合流した酒井《さかい》吉之丞《きちのじょう》指揮の二番大隊は、村山地方（天童藩領）に侵攻した。天童藩が維新政府軍に加担したからであった。閏四月四日、三番大隊は天童城を占領、城下を焼いた。この後、二番・三番大隊は庄内藩領に引き上げている。この頃の庄内藩は、他藩領域に攻め込むことを良しとせず、酒井兵部は藩主から減石処分を受けている。

こののち、奥羽越列藩同盟が結成された。秋田藩・天童藩と新庄藩は維新政府から寝返り同盟に参加、戦闘は一時終息する。しかし、七月に入ると戦闘は再開する。庄内藩は自領にたて籠もるのではなく、降伏までの約二カ月間、積極的に打って出た。

「鬼玄蕃」の登場

新徴組取扱役であった和田東蔵《わだとうぞう》が、庄内戦争に従軍した武士の覚書や日記を集め、また関係者へのインタビューを行って明治五年（一八七二）に『戊辰庄内戦争録』（以下、『戦争録』）という記録を編纂した。この史料をもとに、維新政府軍から「鬼玄蕃《おにげんば》」と畏怖された二五歳の若者酒井吉之丞と、彼に率いられた二番大隊の動向を紹介したい。

吉之丞は有能な戦術家であり、自隊の兵たちの戦意を高めることにも長け、北斗七星をデザインした独自の隊旗「破軍星旗《はぐんせいき》」を創り、それを翻して進んだ。二番大隊は、八個小隊と大砲分隊・土工兵・医師など、約五〇〇人の庄内藩士から編成されていた。注目したいのは、土工兵という存在である。これは近代軍編成における工兵に該当するのであろう。

『戦争録』には「胸壁《きょうへき》」という語句が多く出てくる。それは、砲撃や銃撃戦の際に遮蔽物と

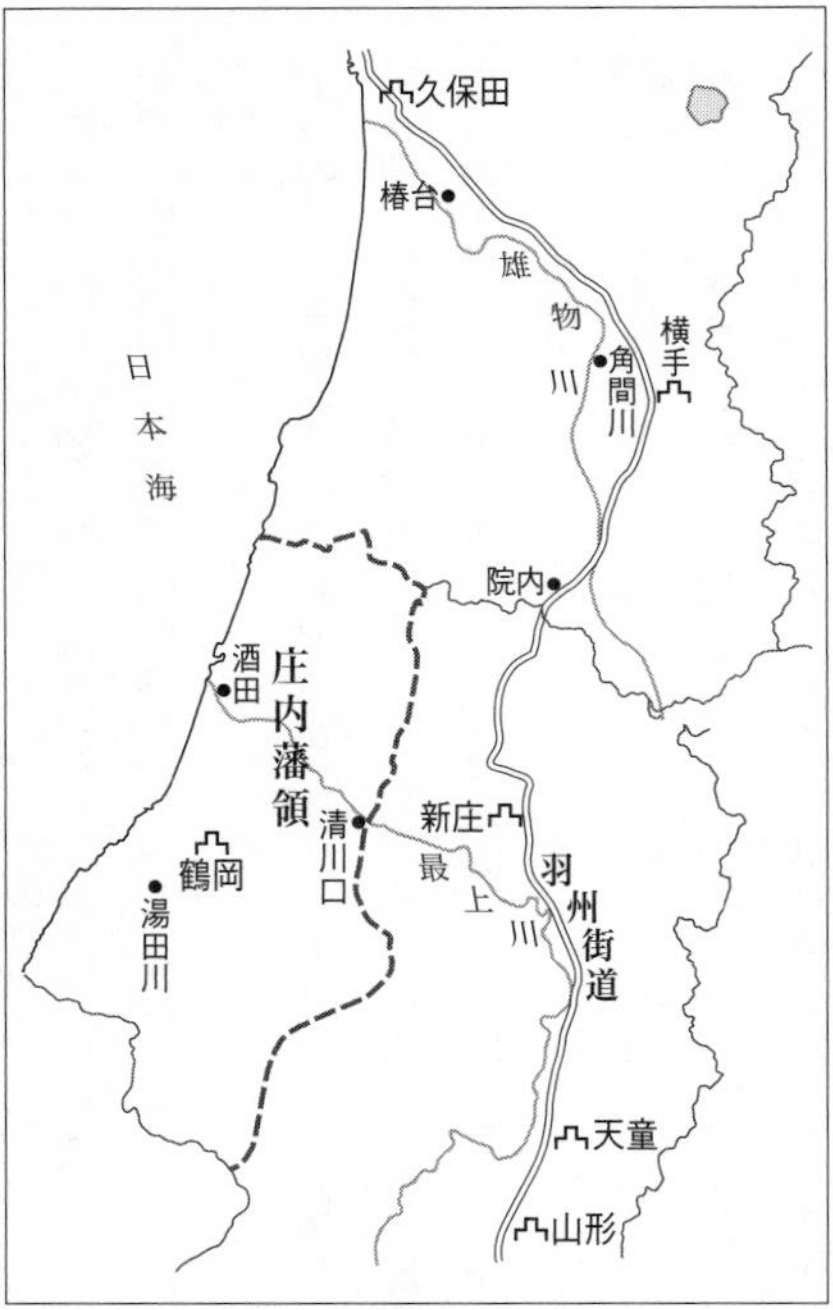

4−12　庄内戦争略図.

なるもので、土塁もあれば、畳などを積み上げた簡単なものもあったようである。土工兵は、こういった戦場での工作支援を中心に行い、捕虜の監視と世話や、戦闘にも参加した。たとえば、八月一三日の角間川《かくまがわ》の激戦では、土工兵長岩瀬清治指揮下の土工兵三名が「相討」によって敵の首をあげている。この三名は『戦争録』に「清太郎・四郎治・治平」と記載されているように、武士ではない。土工兵の主な任務は土木作業である。藩の存亡をかけた戦争であっても、武士は——指揮官を除き——このような兵種に任用されなかった。武士は戦闘者である、という中世以来の伝統意識が強固であることの証左といえよう。庄内藩が洋式軍備と兵制をとっていたとしても、近代国民国家の国民皆兵軍とはまったく違うわけである。

秋田藩・新庄藩の離反

五月から七月にかけて、維新政府軍が秋田藩久保田城下に結集、その圧力(恫喝)と藩内「勤王」派の巻き返しによって、秋田藩は再び維新政府に与《くみ》した。苦しい選択であったろうが、奥羽越列藩同盟からみれば明らかな裏切りであり、隣接する庄内藩は戦闘再開を覚悟する。

七月六日、酒井吉之丞率いる二番大隊は鶴岡を出発、四月の段階で戦闘が起こった清川口に滞陣し、翌日軍律を出した。そこには、民家での放火や略奪を禁止する、という定番の内容のほかに、敵の捕虜に対して礼儀を守ること、などが記されていた。なお、二番大隊は医師団を随行させており、戦傷者には医師の手当てを受けさせた。先に触れた天狗党の乱の際に、捕虜は斬首され、手負いの者は自害していたことと比較すると、戦闘に対する意識が変化していることがわかる。洋式軍事思想の影響といえるが、戊辰戦争本格化により、戦闘がより身近になり持続的になったから、とも解釈できる。しかしいっぽう、放火・略奪行為は後を絶たなかった(『百姓たちの幕末維新』)。

七月一二日、維新政府軍が新庄城下(現新庄市)に入った。その圧力と北接する大藩秋田藩の影響を受け、新庄藩は奥羽越列藩同盟から離脱することになる。小藩の新庄藩としてはやむを得ない選択であったろうが、この裏切りに庄内藩は激怒した。二カ月前、味方となったこの藩のために、洋式ライフル購入を斡旋《あっせん》し、経済的にも便宜を図っていたからであった。

七月一三日、二番大隊は清川を出発、舟形《ふながた》(現最上郡舟形町)で新庄藩軍をなんなく破り、その後一番大隊と合流、新庄城下へと進んだ。一四日、二番大隊は城側面から奇襲をかけ激戦の結果、新庄城を陥落させ、城下に火を放った。『戦争録』には、酒井吉之丞が「憤進し」太刀を抜き、駆け回って指揮したため、兵の「勇気百倍」になったとある。なお、現在、石垣の一部と堀だけを残し、新庄城跡は最上公園となっている。

一五日、一番・二番大隊(以下、一・二番隊)は新庄城下で告諭を出した。そこには非常の困難な情勢であるので今年の年貢は半減する、とあった。占領地の人心慰撫のための常套手段である。しかし、九月二七日、庄内藩は維新政府軍に降伏するため、この約束はなかったことになる。

庄内戦争の終焉

こののち、一・二番隊は秋田藩との戦闘に参加すべく北上、秋田藩領内に侵攻し、院内《いんない》・湯沢《ゆざわ》の戦い(七月二八日から八月五日)、横手城《よこてじょう》攻撃(八月一一日)、角間川の戦い(八月一三日)などに勝利してゆく。

横手盆地には雄物川《おものがわ》に沿って羽州街道《うしゅうかいどう》が南北に走っている。その南方から一・二番隊は横手城下に迫った。真昼山地《まひるさんち》の西側突端、横手川を見下ろす標高一二〇メートルほどの高台に横手城はあったが、一・二番隊の攻撃で焼失してしまった。現在、コンクリート造りの模擬天守が再建されている。展望は素晴らしい。

一・二番隊は、秋田藩の久保田城下をめざし羽州街道をさらに北上してゆく。その途中、横手盆地北端の角間川(現大仙市)で大きな戦闘が行われた。角間川は、雄物川と横手川の合流地点であり、農村地帯であるが舟運の河港として栄えた在郷町であった。豪商・地主であった本郷家などの旧宅が現在も残っている。維新政府・秋田藩軍は壊走、市街戦によって民家は焼かれてしまった。

なおこの間、三番・四番大隊は日本海側を秋田藩領に侵攻していた。九月、合流した庄内藩諸大隊は椿台《つばきだい》(現秋田市)に進軍した。そこは、秋田平野への南東入り口に当たり、ここを突破すれば、久保田城下までわずか一六キロであった。城下町久保田は、西側の海をのぞき三方を山地に囲まれているが、雄物川が流れる南東方面は開け、そこを羽州街道が通っている。この方面（椿台）は防衛上の要といえる。秋田藩主佐《さ》竹義堯《たけよしたか》は、椿台に城郭建設を命じた。慶応四年のことであったが、完成前にこの庄内戦争が始まってしまったのであった。

いっぽう、この頃から維新政府の援軍と新式武器・弾薬が続々と船で到着、維新政府は庄内藩との決戦を企図し、兵力・装備を充実させていた。九月一〇日から一一日、激戦となった椿台の戦いで庄内藩諸大隊は初めて大敗した。この「大合戦」で庄内藩の戦死者は四三人――農

4-13　角間川．向かって左手の壁は豪農本郷家旧宅．

4-14　椿台．

兵一四人も含む——となった（「戊辰戦争を戦った酒田町兵と農兵」）。現在、この椿台には秋田空港があり、林と空閑地の一角に「椿台城跡」の看板が立っている。

大敗した庄内藩諸大隊のもとに、「米沢藩が降伏し、仙台藩ももたないであろう」との情報が伝えられた。秋田藩領内で孤軍となることを恐れた庄内藩諸大隊は、九月一五日に撤退を始め、途中の戦闘でも犠牲者を出しつつ鶴岡に戻った。九月二七日、庄内藩は降伏、東北の戊辰戦争は終わった。

〝勇ましい話〟の典型 〝美談〟の内実

この庄内戦争をめぐって、多くの〝勇ましい話〟と〝美談〟が生まれた。「鬼玄蕃」酒井吉之丞と二番大隊の転戦はその一つであり、不敗庄内軍の象徴として語られる。

野戦となった局地戦の多くは、砲撃からはじまり銃撃となり、最後は近接戦闘となって勝敗が決していた。『戦争録』には戦闘ごとの敵の首数と、それをとった隊士の名前が記述されている。庄内戦争でも、敵の首をとるという行為は正規兵である武士の〝勇ましい話〟の典型となっていたのである。

庄内戦争で注目すべきは、二〇〇〇人をこえる農兵・町兵が志願してきたことにある。先述したように、慶応二年、上州の百姓たちが幕府の農兵取り立てに猛反発していたことと比較すると、それは庄内藩の特質といえる。三方領知替え反対一揆の際に語られた〝美談〟（第一章）

が最幕末の戊辰戦争まで続いたようにみえる。しかし、庄内藩正規兵、つまり武士たちは農兵をまったく頼りにならない存在と見ていたのである(『百姓たちの幕末維新』)。

『戦争録』の記述から、この農兵について、もう少し触れておきたい。農兵は足軽身分とされ、五石二人扶持が支給され、活躍した場合には恩賞も出た。彼らは「敵地」に入った際に「先導」に使われることが多く、遭遇戦となった場合、戦傷死者が多く出ている。庄内藩は、あきらかに農兵を戦争での消耗品として扱っていた。

いっぽう、農兵の中には「健気《けなげ》」なる者もいて、積極的に戦闘に参加した若者もいた。その場合「格別」の扱いとなり、七石二人扶持が支給されることになったが、多くは深手を負ったり、戦死している。消耗品となった農兵(若者)にとって、恩賞とは死と隣り合わせであった。

酒田と鶴岡の町人の若者が参加した町兵は、農兵一般とは少々様相を異にした。酒田の本間《ほんま》数右衛門《かずえもん》が隊長となった町兵は、武器弾薬を自費で調達し、裕福な町人が多く参加していたので「黄金隊」と呼称されていた。また、鶴岡城下の「商兵」のうち富裕な者は「七連発」の小銃をもっていたという。おそらくスペンサー銃のことであろう。それは、会津戦争で山本八重《やまもとやえ》が使った小銃であり、NHKの大河ドラマ「八重の桜」で綾瀬はるかは、これをもち走り回っていた。それはともかく、庄内の町人は、先述した武器商人スネルを通じてそれを買ったのであろう。スペンサー銃は南北戦争終了後、アメリカ本国でダブついていたのであるが、当時の日本では最新鋭の小銃であった。それを入手できるほど庄内の町人は裕福であり、その富を自らの手で護る、という意識が強かったのであろう。『戦争録』を読む限り、「黄金隊」や「商兵」が、庄内藩諸大隊とともに他藩領に出て戦っていた様子はない。彼らは、自分たちの拠点である酒田や鶴岡の市街を防衛するための存在であった。

次に、在地社会の様相を確認してみたい。渡辺尚志さんが『戦争録』を分析し、庄内戦争に巻き込まれた在地社会の様相を生き生きと描いている(『百姓たちの幕末維新』)。その成果も参照したい。

庄内軍が通過した在地社会

庄内軍は自領内の村々から軍夫を徴発していた。軍夫らは、一人金三〇〇疋を支給され、武器弾薬・食糧の運搬や「胸壁」の構築に使役させられた。軍夫は非戦闘員であるが、激戦のさなかに撃たれることもあり、命の保証はなかったのである。

在地社会が恐れたことは、戦闘に巻き込まれ、家や村が焼かれることであった。庄内軍が侵攻した新庄藩領の百姓の多くは山野に避難したが、村に残った者もいた。庄内軍は彼らを進軍の先導に使った。

農兵として戦闘に参加した庄内藩領の百姓は身上がりを期待し、戦争に徴発された新庄藩領の先導役は戦闘被害を避けるために蓑笠をまとうことにより百姓であることを強調していた。

このように、最幕末の戊辰戦争の段階においても、身分制度がもっている社会的意味は強く残っていた。庄内戦争は郷土防衛戦の様相を呈し、装備は洋式化されていたとしても、慶応四年(明治元年)の社会は伝統と慣習のもとにあったのである。

信達にもどる菅野八郎

次に、直接の戦場とならなかった東北の在地社会の様相について、信達地域(現伊達市周辺)を中心に確認しておきたい。そこにはあの菅野八郎がいた。八郎は安政の大獄によって八丈島に流罪となった。ここまではすでに第二章で触れた。当時、八丈島の流人の多くは粗暴犯であったが、思想犯・政治犯とされた人物もわずかにいた。八郎と同じ頃の著名な流人としては、烏《う》伝神道《でんしんとう》の創唱者梅辻規清《うめつじのりきよ》がいた。

天保から弘化期、規清は江戸において、自己の教えを貧民救済策と連動させ、また巨大な「忠孝山」を造りそれを景勝地として人びとの集団参詣を企画するなどして、信者を増やしていった。幕府は烏伝神道の教えそのものよりも、宗教ネットワークの拡大を恐れた。弘化四年(一八四七)に規清は流罪となるが、それでも教義を捨てず、八丈島の人びとにそれを教えていったとされる。八郎も彼から思想的影響を受けた。八丈島で原案を執筆した「八老十カ条」には、人として生きる倫理の行き着く頂として「孝行山」という概念がしめされているが、これなどは規清の影響といえる。早田旅人さんは八丈島の八郎につき、梅辻規清との交流を通じて、百姓身分であることを強く意識するようになり、「孝」の体系化と実践を企図してゆく、と論じている(「幕末期百姓の自意識と家・身分意識」)。

八郎は八丈島でも個性を発揮して活躍、信達地域の養蚕技術を島の人びとに伝えた。杉仁さんは、八郎の養蚕法指導につき詳細に論じ、八郎が島の人びとから「コダイチキ」と呼ばれ敬愛されていたことを紹介している(「逸脱する庶民文人」)。

八郎は流人たちの島抜けの暴動事件(利右衛門騒動《りえもんそうどう》)を経験した。彼はこの事件の首謀者たちを「八人の馬鹿」とし、このような粗暴な連中の暴力から自己をまもるために剣術が必要であると語っている(「判断夢ノ真暗」)。また、彼は八丈島でも書を著した。その内容は、荒唐無稽《こうとうむけい》な自慢話ではなく、百姓としての生き方を掘り下げ「信義と孝」を信条として、百姓としての家の繁栄を希求するというものであった。

文久二年(一八六二)八月、朝廷は幕府に対して、安政の大獄で処罰された者を赦免するよう命じた。元治元年(一八六四)、八郎も赦免され故郷金原田村に帰ってゆく。帰郷後、彼が直面したのは、治安が悪化し「悪党」と博徒が跳梁跋扈する荒廃した信達の在地社会であった。彼は、剣術を基盤にした誠信講を結成し、在地社会の治安維持に乗り出してゆく。八丈島の利右衛門騒動の経験が生かされているようであるが、彼がどこかの流派に属し本格的に剣術を修得した様子はない。

金原田村に帰った八郎は、在地社会に腰を据え、その安寧を希求する百姓として生きていった。それでも、現状批判、政治批判の視点は鋭かった。

信達騒動と八郎

慶応二年(一八六六)六月、信達地域で四〇〇〇人もの百姓が参加した世直し騒動が発生した。この信達騒動のおもな原因は、幕府桑折代官《こおりだいかん》による蚕種《さんしゅ》売買への管理統制強化である。幕末開港以後、信達地域は上州や信州などの養蚕地域への蚕種供給地となり繁昌していた。これに着目した特権商人が桑折代官と結託し、蚕種の製品管理を名目として、百姓たちから手数料を取り立てることを企図したのである。世直し勢は、この計画の中心人物である岡村右馬次家や忠右衛門家などを打ちこわした(「信達騒動風説記全」)。

当時、八郎がこの騒動の頭取であるとの風聞が流れた。しかし、八丈島での利右衛門騒動に対する態度や、誠信講による活動などからみると、八郎は秩序維持を重視する人物であった。信達騒動は、「悪人原《あくにんばら》」が大勢騒動に参加しはじめ、「乱妨狼藉いわん方もなく強盗の様子」となっていたのであり(『梁川町史』第二巻)、八郎がこのような騒動の頭取になっていたとは考えられない。

ところが、八郎は桑折代官に嫌疑をかけられ捕縛されてしまう。彼はそれを真っ向から否定し、自分と対立する博徒勘七がそのようなことを言いふらしたのであり、さらに八郎の「高名」を妬み誹る者が噂を流した、と述べている(「深御勘考奉希上候事」)。ここにも、彼の強烈な自己顕示が表明されている。そうこうしているうちに、戊辰戦争がはじまり、維新政府軍が奥州街道を北上、八郎の生きる信達地域に侵攻してくるのである。

八郎の見た内戦

慶応四年四月、八郎は内戦状態となった下野に甥の安蔵を派遣した。八郎は安蔵からの情報に自己の主観を加え「八老独年代記《はちろうひとりねんだいき》　巻之中」を記述した――この史料の成立時期を特定することは難しいが、使用されている用語をみると、明治維新後に編纂された可能性も否定できない――。そこには、東北戦争の様子も詳述されている。簡単にまとめると次のようである。

東北地域で「会津・仙台の勝利」との憶測が流れているが、会津などは「佞弁《ねいべん》」である。松平容保と会津藩は「奸悪・無道」である。「内縁の愛情に惑」わされ、その会津藩に味方した仙台藩主も「愚将」である。奥羽の諸大名はいずれも「民の心を失」っている。八郎のこの強烈な批判の根底には、会津・仙台両藩が官軍に敵対したために、東北が戦場となり「我等如きの一類迄、如何なる浮目を見る事やらん」という恐怖があるのみならず、これら奥州の藩が今まで「賄賂を貪りて邪政を行」ってきたことに対する憤りがあった。さらに、八郎は「官軍」をも批判し、その装束は「異人」と少しも変わらない「浅ましき世の果て」としている。戊辰戦争という「国同士の合戦」は「万国」に恥をさらすことで「万民を苦しめ」ることであるとも述べている。

依頼心を棄てる八郎

八丈島から帰村した八郎は、百姓として在地社会の安寧を求めた。しかし、戊辰戦争は彼の行き着いた「信義・孝」により家の繁栄を願う、という通俗道徳的生き方を押しつぶしていった。当初、彼は会津藩や仙台藩など東北地域の諸大名を徹頭徹尾批判するいっぽう、「官軍」には期待を抱いていた。このような治者への依頼心は、第二章でみた三浦命助と通底している。しかし、八郎の場合、内戦の渦中でその期待は霧散していった。かつて、彼が八丈島に流罪になるような政治的行動を起こした原点に、欧米列強・異人を排斥する思いがあった。尊王攘夷思想の素朴な亜種といえよう。ところが、本来その中心にいるべき薩長が、あろうことか「異人」のような軍服で登場したのである。薩長＝「官軍」に信義はないとみた八郎は、治者に対する依頼心を棄てていった。

明治元年九月二七日、庄内藩の降伏により東北戦争は終わり、最後の戦場は蝦夷地(北海道)となった——この戦争の様子については菊池勇夫さんの『五稜郭の戦い』が詳しい——。第二章でも紹介したが、三遊亭円朝が明治一九年(一八八六)に「やまと新聞」に連載した「蝦夷錦古郷の家土産」という噺には、江戸っ子たちの幕末の記憶が凝集されている。そこには、天狗党の乱や穢多のこと、さらに「脱走歩兵」も出てくる。

円朝は、天狗党の乱を「彼の時分の戦争の初め」とし、この時から江戸が騒然としてきたと語り、箱館戦争(五稜郭の戦い)に大幡外記《おおばたげき》という「水戸浪士」＝天狗党の生き残りを登場させている。円朝にとって、内戦とは甲子の年(天狗党の乱)から始まったのである。そして、それは円朝に限らず、江戸時代生まれの江戸っ子たちに共通していた記憶であったかもしれない。こうしてみると、円朝の歴史認識の根底には天狗党の存在があった、といえる。天狗党は時代から取り残された不条理な存在であったが、社会に与えた暴力の影響は甚大であったといえよう。そして、本章で見てきたように、そこから始まる暴力は内戦に至り、「勤王」「佐幕」の二元論によって社会を分断していったのである。

おわりに

幕末社会を考えるうえで、本書では二つの大きな問題設定を行った。一つは、幕藩体制は〝なぜ〟崩れたのか、ということであり、次は、では〝誰が〟その仕組みをこわしたのか、ということである。

一つめの〝なぜ〟という問いについては、幕藩体制とはどのようなものであったのか、という説明も必要であり、序章で予見的なことを語り、本論では政治理念としての仁政と武威が崩壊してゆくことにその答えを求めた。

二つめの〝誰が〟という問題は難儀なものである。わたしは、〝衆〟という設定を行った。まず、時代を代表する百姓一揆・騒動を選択して、その中での人びとの動きを追ってみた。だからといって、百姓一揆・騒動という抵抗運動と、そこに集まった人びとが幕藩体制を崩壊に導いた、というような短絡的かつ楽観的な歴史観を提示したかったわけではない。百姓一揆・騒動という非日常的なできごとは、あくまでも社会矛盾の様相や、幕末社会の社会状況を理解するための素材である、と理解していただければ幸いである。

つまり、幕末社会を理解するうえで重要なことは、日常的な〝衆〟をどう位置づけ理解するか、ということにある。そこで、社会的ネットワークといった概念を用いて人びとの活動を描いてみた。幕末社会には、〝衆〟が結集した博徒・「悪党」・若者組・尊王攘夷・剣術・新選組・蘭学・平田国学・天狗党・奇兵隊といった社会的ネットワークが形成され、その中で人びとは活発に動いていたのである。

そしてまた、それらネットワークの構成員の多くが若者であった――伊那谷・木曽谷の平田国学者はのぞく――、という事実も重視した。ただし、〝衆〟としての若者個人が明確な将来展望をもっていたわけではなかった。彼らが抱えていたのは、現状への不安と不満であり、それが、世襲的身分制の枠をこえた社会的ネットワークをつくりだすエネルギーになっていったのである。

そして、天保期以降、若者のエネルギーと、〝衆〟として結集した社会的ネットワークとが、既存の社会秩序を日常レベルから、じょじょに崩していったといえるが、その動きはじつに遅々としたものであった。幕藩体制が崩壊するまで約三〇年もかかったわけである。彼らの意識は日常にあったが、ゆっくりした変化の歴史的蓄積に、大きな政治変動が作用して社会は変わっていった、と理解できる。

さらに、幕末社会を理解するうえでやはり欧米列強の存在は大きかった、といえる。ウエスタン・インパクトが在地社会にまでも影響を与えたわけであるが、見方を変えると、伊那谷・木曽谷や常陸大子、多摩や北関東地域、信達や庄内といった在地社会が世界とリンクし、そこに生きた人びとの世界観が変化し、日常世界を変えるエネルギーとなった、とも理解できる。

本書では、以上を意識して、第一章天保期、第二章弘化から安政期、第三章万延から文久期、第四章元治から慶応期、という時期区分を設定して、政治史も簡単にふまえ、〝衆〟としての人びとの動きを描いてみた。

そしてまた、幕末社会には魅力的な個人が登場していたことにも目を向けてみた。国定忠治・「五目牛のおとく」、吉田松陰・酒井吉之丞、三浦命助・菅野八郎、佐藤彦五郎・根岸友山、ポンペ・松本良順・緒方洪庵、松岡小鶴・竹村多勢子といった個性豊かな人びとである。とくに、八郎・彦五郎・友山・良順・多勢子には章をまたいで登場してもらい、幕末社会を語ってもらった。

つまり、〝誰が〟という難儀な問題の答えは、〝衆〟としての若者と魅力的な個人、となる。それが、いかに主観的な見解であるかは自覚している。本書の登場人物である〝衆〟としての人びとや、命助や八郎たちは、わたしの叙述に反論できない。「あなたは、わたしの何を知ってるの」という多勢子の茶目っ気をもった声が聞こえてきそうである。本書での歴史叙述は、わたしという歴史学徒の解釈に過ぎない。ただし、わたしは、彼ら・彼女らの行動と思考を丹念に解きほぐし、現地を訪れ、その〝空気〟を感じようと努めた。叙述する際にその証拠は本書の中で提示したつもりである。

最後に、本論のなかで多く言及した暴力の問題に触れておきたい。幕末という時代、若者が現状から抜け出す途が開けた、といえる。そのチャンスの一つは蘭学などの学問であったが、その途はごくごく狭いものであった。いっぽう、資産や特別高度な能力を持たない多くの若者にとって、現状打破と自己実現を可能としたのは暴力であった。天保期以降、博徒の親分、「悪党」のリーダー、剣術師範、とそれぞれ、〝のし上がる〟途が開けた。そして、尊王攘夷運動がこの暴力という手法に正統性と社会的承認の場を与えたわけである。しかし、暴力を選択した若者の多くはその暴力の中で死んでいった。しんどいが、事実である。

幕末の三〇年間は、暴力がさまざまな局面に横行する時代であった。では、それは〝いつまで〟続くのか、という問題が派生する。本書では、幕末社会をみてゆく際に、政治理念、〝衆〟と個人、ということにこだわった。つまり、〝いつまで〟という問題もこれらをキーとして考えてみる必要があろう。そして、それは明治という時代をどう捉えるかということに繋がる。これはわたしの宿題となった。

わたしは、歴史叙述を行うにあたり、史料と現地にこだわってきた。本書でも紙幅の許す限り、その方針を反映させた。今回、はじめて訪問した現地は、松岡小鶴の生きた辻川であった。柳田國男が『故郷七十年』の中で「日本一小さい家」と語った彼の生家も訪れた。秋の播州は魅力的であった。歴史研究において、史料調査やフィールドワークは楽しい、という思いが読み手の方々に伝われば幸いである。

本書執筆にあたり、飯能市立博物館長尾崎泰弘さんをはじめ、致道博物館など博物館、資・史料保存機関、およびその関係者の方々に大変お世話になりました。また、編集者の杉田守康さんには、おおくのアドバイスをいただきました。ともに、心から感謝いたします。

二〇二一年一一月

須田　努

参考史料(登場順)

序章

「豊臣秀吉朱印状　先手備之事」(「毛利家文書」九〇四)東京大学史料編纂所『大日本古文書』家わけ第八ノ三、東京大学出版会、一九二二年/小瀬甫庵著、桧谷昭彦・江本裕校注『太閤記』岩波書店、一九九六年/「本朝三国志」『近松全集』第一一巻、岩波書店、一九八九年/青木虹二編『編年百姓一揆史料集成』現在第一九巻まで、三一書房、一九七九年から

第一章

「戊戌封事」国立国会図書館デジタルコレクション/「新論」尾藤正英他校注『水戸学』岩波書店、一九七三年/「鴉片始末」明治大学図書館/「阿芙蓉彙聞」明治大学図書館/「海防八策」佐藤昌介他校注『渡辺崋山・高野長英・佐久間象山・横井小楠・橋本左内』岩波書店、一九七一年/「第七回　地方の警察・民政等、八州取締、代官手代の事」旧事諮問会編、進士慶幹校注『旧事諮問録』下、岩波文庫、一九八六年/「八州廻り方へ御取締向ケ條被仰渡書」「地方落穂集追加巻之四」国立国会図書館デジタルコレクション/「関東筋御改革再取締りにつき請書ならびに教諭書」『寒川町史』資料編近世三、寒川町、一九九五年/「近世侠客有名鏡」国立歴史民俗博物館/「御用私用諸日記」玉村町歴史資料館/「赤城録」筑波大学附属図書館/「風俗之部　文化元年九月」石井良助他編『御触書天保集成』下、五五四三、岩波書店、

一九四一年／「御取締御出役渡辺園十郎様より被仰付候取調書」桐生図書館「長沢家文書」一八七／「米穀之部　天保四巳年八月町触」他、前掲『御触書天保集成』下、六〇六三～六〇七四／「甲斐国騒立一件御裁許書」青木虹二編『編年百姓一揆史料集成』第一三巻、三一書房、一九八五年／「天保七丙申年甲州百姓騒動付諏訪藩出兵の件」『山梨県史』資料編一三、山梨県、二〇〇四年／「並崎乃木枯」前掲『山梨県史』資料編一三／「甲州道中徒党及乱妨候節妨方致手配始末書上」前掲『山梨県史』資料編一三／「文隣記」『遊佐町史資料』第三号、遊佐町、一九七八年／「夢の浮橋」致道博物館／「合浦珠」致道博物館

第二章

「戊午の密勅」＝「安政五年八月八日　孝明天皇御沙汰書」吉田常吉・佐藤誠三郎校注『幕末政治論集』岩波書店、一九七六年／「水戸斬奸状」前掲『幕末政治論集』／「弘道館記」尾藤正英他校注『水戸学』岩波書店、一九七三年／藤田東湖著、塚本勝義訳註『弘道館記述義』岩波文庫、一九四〇年／「講孟劄記評語」下の二、山口県教育会編『吉田松陰全集』第三巻、大和書房、一九七二年／「東北遊日記」山口県教育会編『吉田松陰全集』第九巻、大和書房、一九七四年／六月二〇日付「兄杉梅太郎宛書簡」山口県教育会編『吉田松陰全集』第七巻、大和書房、一九七二年／「将及私言」山口県教育会編『吉田松陰全集』第二巻、大和書房、一九七三年／「講孟余話」山口県教育会編『吉田松陰全集』第三巻、大和書房、一九七二年／「留魂録」山口県教育会編『吉田松陰全集』第六巻、大和書房、一九七三年／「幕府断罪書」山口県教育会編『吉田松陰全集』第一〇巻、大和書房、一九七四年／「海防愚存」前掲『幕末政治論集』／「愚哀奉申上候書付」『勝海舟全集』二、講談社、一九八二年／『武江年表』続編、国立国会図書館デジタルコレクション／「黒船来航風俗絵巻」埼玉県立歴史と民俗の博物館／「嘉永六癸丑年　亜墨利加江御返翰の存意」小池章太郎他編『藤岡屋日記』第五巻、三一書房、一九八九年／「新吉原遊女屋久喜万字上書」

前掲『藤岡屋日記』第五巻／「波濤新聞」田中彰校注『開国』岩波書店、一九九一年／「聖代要廼磐寿恵」東京都立図書館／「第九章　日本人の言動」オールコック『大君の都』上、山口光朔訳、岩波文庫、一九六二年／「蝦夷錦古郷の家土産」倉田喜弘他編『円朝全集』第三巻、岩波書店、二〇一三年／「徒然日記」青木美智男校註『善光寺大地震を生き抜く』日本経済評論社、二〇一一年／「蘭疇自伝」小川鼎三他校注『松本順自伝・長与専斎自伝』平凡社、一九八〇年／福澤諭吉著、松崎欣一編『福翁自伝・福澤全集緒言』慶應義塾大学出版会、二〇〇九年／『虎狼痢治準』京都大学貴重資料デジタルアーカイブ／「安政午秋頃痢流行記」京都大学貴重資料デジタルアーカイブ／「金浜邑同道ニて押立候諸願出日記」青木虹二編『編年百姓一揆史料集成』第一八巻、三一書房、一九九六年／「獄中記」安丸良夫他校注『民衆運動の思想』岩波書店、一九七〇年／「菅野実記」第一、福島県歴史資料館「庄司吉之助文書」Ⅰ－二四六六／「あめの夜の夢咄し」福島県歴史資料館「菅野隆雄家文書」一／「半夏生不順ニ曰」福島県歴史資料館「菅野隆雄家文書」三／八月一三日付「久保清太郎・久坂玄瑞宛書翰」山口県教育会編『吉田松陰全集』第八巻、大和書房、一九七二年／柳田國男『故郷七十年』講談社学術文庫、二〇一六年／「小鶴女史詩稿」門玲子編著『幕末の女医、松岡小鶴 1806–73』藤原書店、二〇一六年／「南望編」前掲『幕末の女医、松岡小鶴 1806–73』／「上角田先生書」前掲『幕末の女医、松岡小鶴 1806–73』

第三章

「岩倉具視上書」吉田常吉・佐藤誠三郎校注『幕末政治論集』岩波書店、一九七六年／「老中奉答書」前掲『幕末政治論集』／「政権恢復秘策」前掲『幕末政治論集』／安政五年一〇月六日頃「吉田松陰あて書翰」一坂太郎編『高杉晋作史料』第一巻、マツノ書店、二〇〇二年／「斬奸趣意書」前掲『幕末政治論集』／「航海遠略策」前掲『幕末政治論集』／「愚按の趣」「己未文稿」所収、山口県教育会編『吉田松陰全集』第五巻、大和書房、一九七三年／「廻瀾条議」福本義亮編『久坂玄瑞全集』マツノ書店、一九七八年／「第一九章　先考の帰国と藩公の東勤」周布公平監修『周布政之助伝』上、東京大学出版会、一九七七年／「孝明天皇御沙汰書」前掲『幕末政治論集』／中原邦平「高杉晋作の事跡」日本史籍協会編『維新史料編纂会講演速記録』三、東京大学出版会、一九七七年／「攘夷期限奏聞」徳川禁令考巻一一、四九〇、石井良助校訂『徳川禁令考』前集第二、創文社、一九五九年／維新史料編纂事務局編『維新史』第三巻、一九四一年／「第五章　リチャードソンの殺害、日本語の研究」アーネスト・サトウ『一外交官の見た明治維新』上、坂田精一訳、岩波文庫、一九六〇年／「伯爵林董の談話」公爵島津家編纂所編『薩藩海軍史』中、原書房、一九六八年／「河内守殿御渡　覚」石井良助他編『幕末御触書集成』第六巻、五三八二、岩波書店、一九九五年／「豊前守殿御渡　大目付江」前掲『幕末御触書集成』第六巻、五三九〇／「御口達之覚」前掲『幕末御触書集成』第六巻、五三九九／「町触」前掲『幕末御触書集成』第六巻、五四七一／「口達之覚」小池章太郎他編『藤岡屋日記』第一一巻、三一書房、一九九二年／「新両替町銀座四丁目右側中程、唐物屋藤兵衛跡明地、板囲ニ張有之候書面之写也」前掲『藤岡屋日記』第一一巻／「長夜の寝言」山口県教育会編『村田清風全集』上、山口県教育会、一九八五年／「毛利家乗」下関市文書館編『資料　幕末馬関戦争』三一書房、一九七一年／「第三二章　外艦の馬関砲撃と攘夷親征の建議」周布公平監修『周布政之助伝』下、東京大学出版会、一九七七年／「白石正一郎日記」前掲『資料　幕末馬関戦争』／「奇兵隊創設日記」田中彰監修『定本　奇兵隊日記』下、マツノ書店、一九九八年／「元治日記一」田中彰監修『定本　奇兵隊日記』上、マツノ書店、一九九八年／「水陸戦略」山口県教育会編『吉田松陰全集』第一巻、大和書房、一九七二年／「西洋歩兵論」前掲『吉田松陰全集』第五巻／「第一一章　下関、長州との講話締結」前掲『一外交官の見た明治維新』上／「遊清五録」一坂太郎編『高杉晋作史料』第二巻、マツノ書店、二〇〇二年／「孝明天皇宸翰（島津久光宛）」日本史籍協会編『島津久光公実紀』二、東京大学出版会、一九七七年／島崎藤村『夜明け前』第一部、岩波文庫、二〇〇三年／『霊の真柱』田原嗣郎他校注『平田篤胤・伴信友・大国隆正』岩波書店、一九七三年／「多勢子遺稿」下伊那郡役所編纂『下伊那郡誌資料』中、歴史図書社、一九七七年／「都のつと」前掲『下伊那郡誌資料』中／「真忠組浪士横行記録」高梨輝憲校注『真忠組浪士騒動実録』高梨輝憲、一九七〇年／小島日記研究会編『小島日記』一、小島資料館、一九八八年／「志大略相認書」日野市ふるさと博物館『日野新選組展』日野市教育委員会、一九九八年／「島田魁日記」菊地明他編『新選組史料大全』KADOKAWA、二〇一四年／「佐藤彦五郎日記」前掲『新選組史料大全』／「佐藤彦五郎宛書翰」前掲『日野新選組展』／「伊豆国御備場之儀ニ付、存付申上候書付」戸羽山瀚編『江川坦庵全集』下、江川坦庵全集刊行会、一九五五年／「豆州下田湊海防御備向存寄之趣申上候書付」前掲『江川坦庵全集』下／「農兵之儀ニ付申上候書付」前掲『江川坦庵全集』下／「御書取写」『田無市史』第一巻、田無市、一九九一年／「悪党撃退に付、田無村組合村々鉄砲拝借願」前掲『田無市史』第一巻／『田無市史』第三巻、田無市、一九九五年

第四章

「四月一三日付　水戸様御家中内揉之義ニ付探索書写」日本史籍協会編『波山記事』二、東京大学出版会、一九七三年／「御用留」元治元年四月〜七月、久喜市立郷土資料館「島田昌弘家文書」一〇／「常野州、浮浪之徒追討一件、其外共御用留」足立家文書「御用留」六月二日所収、埼玉県教育委員会編『栗橋関所史料』四、埼玉県立文書館、二〇一二年／「龍ケ崎御代官ヨリ高道祖村争戦之義ニ付、大庄屋等ヨリ差出候探索書、相副相達候書簡写」前掲『波山記事』二／「乍恐以書付御歎声奉申上候」飯塚静次郎家文書、『村史千代川村生活史』第三巻、千代川村、二〇〇一年／「水府処置始末」前掲『波山記事』二／「諸館始末」日本史籍協会編『波山記事』一、東京大学出版会、一九七三年／「文久四年中郷村諸御用御配符留

帳」佐藤圭一家文書、『大子町史』資料編上、大子町、一九八四年／「勤王殉国事跡」『大子町史料』別冊六、大子町、一九八五年／「表題欠〈天狗諸生之乱顚末記〉」茨城県久慈郡大子町教育委員会「益子公用家文書」箱番号一六六、番号〇五九／「元治元年袋田村子御配賦諸人馬留帳」桜岡長良家文書、前掲『大子町史』資料編上／「表題欠〈願書、天狗・諸生騒ぎ中、治安についての願〉」前掲「益子公用家文書」箱番号一六六、番号〇二六／「大黒屋日記抄」『藤村全集』第一五巻、筑摩書房、一九六八年／「門人姓名録」平田篤胤全集刊行会編『新修平田篤胤全集』別巻、名著出版、一九八一年／「変事出来ニ付心得覚記」飯能市立博物館／「今昔備忘記」菊地明他編『新選組史料大全』KADOKAWA、二〇一四年／「夕立の雨」埼玉県立図書館／「秩父近辺打毀一件」『新編埼玉県史』資料編一一、埼玉県、一九八一年／「賊民略記」秩父市立図書館／『新編高崎市史』通史編三、高崎市、二〇〇四年／「群馬郡本郷村頭取鬼定・鬼金一揆廻状」『群馬県史』資料編一〇、群馬県、一九七八年／太政官編『復古記』第一一冊、内外書籍、一九二九年／杉田玄白著、緒方富雄校註『蘭学事始』岩波文庫、一九八二年／「弾左衛門身分引上」『東京市史稿』市街編第四八巻、東京都、一九五九年／「井上松五郎宛書翰」日野市ふるさと博物館『日野新選組展』日野市教育委員会、一九九八年／真下菊五郎『明治戊辰梁田戦蹟史』マツノ書店、二〇一〇年／「田中正造昔話」『田中正造全集』第一巻、岩波書店、一九七七年／『特別展飯能戦争 飯能炎上』飯能市郷土館、二〇一一年／和田東蔵『戊辰庄内戦争録』巻之一・二、マツノ書店、二〇一〇年／「八老十カ条」福島県歴史資料館「菅野隆雄家文書」五／「判断夢ノ真暗」福島県歴史資料館「菅野隆雄家文書」四／「信達騒動風説記全」福島県歴史資料館「庄司吉之助文書」I・二四七二／『梁川町史』第二巻、梁川町、一九九九年／「深御勘考奉希上候事」「闇之夜汁 全」所収、福島県歴史資料館「菅野隆雄家文書」七／「八老独年代記 巻之中」「闇之夜汁 全」所収、福島県歴史資料館「菅野隆雄家文書」七／「蝦夷錦古郷の家土産」倉田喜弘他編『円朝全集』第三巻、岩波書店、二〇一三年

参考文献（各章五〇音順）

序章

青木美智男『近代の予兆』小学館ライブラリー、一九九三年
朝尾直弘編『日本の近世』第一巻、中央公論社、一九九一年
朝尾直弘『都市と近世社会を考える』朝日新聞社、一九九五年
池内敏『大君外交と「武威」』名古屋大学出版会、二〇〇六年
乾宏巳『江戸の職人』吉川弘文館、一九九六年
大島真理夫編著『土地希少化と勤勉革命の比較史』ミネルヴァ書房、二〇〇九年
岡崎哲二『江戸の市場経済』講談社選書メチエ、一九九九年
木村礎『近世の新田村』吉川弘文館、一九六四年
木村礎『日本村落史』弘文堂、一九七八年
木村礎編『村落景観の史的研究』八木書店、一九八八年
白川部達夫『近世の百姓世界』吉川弘文館、一九九九年
須田努『「悪党」の一九世紀』青木書店、二〇〇二年
須田努「江戸時代　民衆の朝鮮・朝鮮人観」『思想』一〇二九、二〇一〇年
竹内誠『江戸と大坂』小学館ライブラリー、一九九三年

内藤二郎『本百姓体制の研究』御茶の水書房、一九六八年
深谷克己『増補改訂版 百姓一揆の歴史的構造』校倉書房、一九八六年
深谷克己『百姓成立』塙選書、一九九三年
深谷克己『江戸時代』岩波ジュニア新書、二〇〇〇年
深谷克己『偃武の政治文化』校倉書房、二〇〇九年
保坂　智『百姓一揆とその作法』吉川弘文館、二〇〇二年
保坂　智『百姓一揆と義民の研究』吉川弘文館、二〇〇六年
水本邦彦『徳川社会論の視座』敬文舎、二〇一三年
宮本又次『株仲間の研究』有斐閣、一九三八年
八鍬友広『闘いを記憶する百姓たち』吉川弘文館、二〇一七年
若尾政希『「太平記読み」の時代』平凡社ライブラリー、二〇一二年
若尾政希『百姓一揆』岩波新書、二〇一八年
渡辺尚志『近世百姓の底力』敬文舎、二〇一三年
渡辺尚志『日本近世村落論』岩波書店、二〇二〇年

第一章

阿部　昭『江戸のアウトロー』講談社選書メチエ、一九九九年
『飯岡町史』飯岡町、一九八一年
乾　宏巳『水戸藩天保改革と豪農』清文堂出版、二〇〇六年
井上勝生『幕末維新政治史の研究』塙書房、一九九四年

岩城卓二『近世畿内・近国支配の構造』柏書房、二〇〇六年
大塩事件研究会編『大塩平八郎の総合研究』和泉書院、二〇一一年
落合延孝『八州廻りと博徒』山川出版社、二〇〇二年
川田純之「関東取締出役の罷免事件について」栃木県立文書館編『栃木県立文書館研究紀要』第七号、二〇〇三年
関東取締出役研究会編『関東取締出役』岩田書院、二〇〇五年
菊池勇夫『近世の飢饉』吉川弘文館、一九九七年
群馬県埋蔵文化財調査事業団編『五目牛南組遺跡』群馬県埋蔵文化財調査事業団、一九九二年
国立歴史民俗博物館編『地鳴り山鳴り』国立歴史民俗博物館、二〇〇〇年
国立歴史民俗博物館編『民衆文化とつくられたヒーローたち』国立歴史民俗博物館、二〇〇四年
小関悠一郎『上杉鷹山』岩波新書、二〇二一年
児玉憲治「「教諭支配」としての文政改革」早稲田大学大学院文学研究科『早稲田大学大学院文学研究科紀要』第四分冊、五九巻、二〇一四年
坂本達彦「天保一〇年　野州合戦場宿一件処罰者の全貌」専修大学歴史学会『専修史学』第三五号、二〇〇三年
『新編庄内史年表』鶴岡市、二〇一六年
杉　仁『近世の地域と在村文化』吉川弘文館、二〇〇一年
須田　努『「悪党」の一九世紀』青木書店、二〇〇二年
須田　努「自助と自浄の一九世紀」東京歴史科学研究会『人民の歴史学』一九七号、二〇一三年
須田　努「江戸時代の政治思想・文化の特質」趙景達編『儒教的政治思想・文化と東アジアの近代』有志

舎、二〇一八年
高橋　敏『国定忠治』岩波新書、二〇〇〇年
高橋　敏『国定忠治を男にした女俠』朝日新聞社、二〇〇七年
高橋　敏『大原幽学と飯岡助五郎』山川出版社、二〇一一年
田中　彰『長州藩と明治維新』吉川弘文館、一九九八年
多仁照廣『若者仲間の歴史』日本青年館、一九八四年
谷山正道『近世民衆運動の展開』高科書店、一九九四年
谷山正道『民衆運動からみる幕末維新』清文堂出版、二〇一七年
『玉村町誌』通史編上、玉村町、一九九二年
千葉県史料研究財団編『千葉県の歴史』通史編近世二、千葉県、二〇〇八年
椿田有希子『近世近代移行期の政治文化』校倉書房、二〇一四年
『鶴岡市史』上巻、鶴岡市、一九六二年
『新田町誌』第三巻、新田町、一九八三年
深谷克己『東アジア法文明圏の中の日本史』岩波書店、二〇一二年
藤田　覚『水野忠邦』東洋経済新報社、一九九四年
本間勝喜『庄内藩』現代書館、二〇〇九年
三宅紹宣『幕末・維新期長州藩の政治構造』校倉書房、一九九三年
宮地正人『幕末維新変革史』上・下、岩波現代文庫、二〇一八年
藪田　貫『近世大坂地域の史的研究』清文堂出版、二〇〇五年
藪田　貫『新版　国訴と百姓一揆の研究』清文堂出版、二〇一六年

『山梨県史』通史編四、山梨県、二〇〇七年

第二章

アウエハント、C『鯰絵』小松和彦他訳、岩波文庫、二〇一三年
青木美智男監修、川上真理他編『近世信濃庶民生活誌』ゆまに書房、二〇〇八年
石橋克彦『大地動乱の時代』岩波新書、一九九四年
井上勝生『幕末・維新』岩波新書、二〇〇六年
大阪大学適塾記念センター編『新版 緒方洪庵と適塾』大阪大学出版会、二〇一九年
柿本昭人『健康と病のエピステーメー』ミネルヴァ書房、一九九一年
門玲子編著『幕末の女医、松岡小鶴 1806–73』藤原書店、二〇一六年
上白石実『幕末の海防戦略』吉川弘文館、二〇一一年
北原糸子他編『善光寺地震に学ぶ』信濃毎日新聞社、二〇〇三年
北原糸子編『日本災害史』吉川弘文館、二〇〇六年
木下タロウ「第一部 緒方洪庵の生涯」大阪大学適塾記念センター編『新版 緒方洪庵と適塾』大阪大学出版会、二〇一九年
久留島浩「鯰絵のなかの「世直し」」国立歴史民俗博物館編『鯰絵のイマジネーション』国立歴史民俗博物館、二〇二一年
黒田日出男『龍の棲む日本』岩波新書、二〇〇三年
桑原敏眞『日本近代医学の父ポンペと幕末のオランダ人たち』上・下、文芸社、二〇一八年
『新横須賀市史』通史編近世、横須賀市、二〇一一年

須田　努編『逸脱する百姓』東京堂出版、二〇一〇年
須田　努『吉田松陰の時代』岩波書店、二〇一七年
瀬谷義彦『水戸藩郷校の史的研究』山川出版社、一九七六年
『大子町史』通史編上、大子町、一九八八年
鶴見太郎『柳田国男』ミネルヴァ書房、二〇一九年
富澤達三『錦絵のちから』文生書院、二〇〇四年
西川武臣『幕末明治の国際市場と日本』雄山閣出版、一九九七年
西川武臣『ペリー来航』中公新書、二〇一六年
野口武彦『安政江戸地震』ちくま学芸文庫、二〇〇四年
橋川文三編『藤田東湖』中央公論社、一九八四年
兵庫県立歴史博物館編『女たちのひょうご』兵庫県立歴史博物館、二〇二〇年
深谷克己『南部百姓命助の生涯』岩波現代文庫、二〇一六年
古川貞雄『増補 村の遊び日』農山漁村文化協会、二〇〇三年
見市雅俊『コレラの世界史』晶文社、一九九四年
三谷　博『ペリー来航』吉川弘文館、二〇〇三年
宮地正人『幕末維新変革史』上・下、岩波現代文庫、二〇一八年
宮田　登『江戸のはやり神』筑摩書房、一九九三年
山本俊一『日本コレラ史』東京大学出版会、一九八二年
横浜開港資料館編『横浜商人とその時代』有隣新書、一九九四年

第三章

青山忠正『高杉晋作と奇兵隊』吉川弘文館、二〇〇七年
市村咸人『松尾多勢子』大空社、一九八九年
井上勝生『幕末・維新』岩波新書、二〇〇六年
ウォルソール、アン『たをやめと明治維新』菅原和子他訳、ぺりかん社、二〇〇五年
『宇都宮市史』第六巻近世通史編、宇都宮市、一九八二年
大石　学『新選組』中公新書、二〇〇四年
国立歴史民俗博物館編『明治維新と平田国学』国立歴史民俗博物館、二〇〇四年
佐々木克『幕末史』ちくま新書、二〇一四年
尚古集成館編『薩英戦争一五〇年』尚古集成館、二〇一三年
高木俊輔『明治維新草莽運動史』勁草書房、一九七四年
高木俊輔『伊那・木曾谷と塩の道』吉川弘文館、二〇〇三年
高橋　実『幕末維新期の政治社会構造』岩田書院、一九九五年
田中　彰『幕末の長州』中公新書、一九六五年
田中　彰『高杉晋作と奇兵隊』岩波新書、一九八五年
『栃木県史』通史編五、栃木県、一九八四年
『中津川市史』中巻一・二、中津川市、一九八八年
『長野県史』通史編第四巻、長野県、一九八七年
樋口雄彦『幕末の農兵』現代書館、二〇一七年
古川　薫『幕末長州藩の攘夷戦争』中公新書、一九九六年

古川貞雄『増補 村の遊び日』農山漁村文化協会、二〇〇三年
保谷 徹『幕末日本と対外戦争の危機』吉川弘文館、二〇一〇年
町田明広『島津久光』講談社選書メチエ、二〇〇九年
町田市立自由民権資料館編『武装する農民』町田市教育委員会、一九九八年
松浦 玲『新選組』岩波新書、二〇〇三年
宮地正人『歴史のなかの新選組』岩波書店、二〇〇四年
宮地正人『歴史のなかの『夜明け前』』吉川弘文館、二〇一五年
横浜市歴史博物館『生麦事件と横浜の村々』横浜市ふるさと歴史財団、二〇一二年

第四章

『秋田市史』近世通史編、秋田市、二〇〇三年
浦本誉至史『江戸・東京の被差別部落の歴史』明石書店、二〇〇三年
大嶽浩良『下野の戊辰戦争』下野新聞社、二〇〇四年
菊池勇夫『五稜郭の戦い』吉川弘文館、二〇一五年
栗原伸一郎『戊辰戦争と「奥羽越」列藩同盟』清文堂出版、二〇一七年
酒田市立資料館「戊辰戦争を戦った酒田町兵と農兵」解説資料、二〇一二年
佐々木克『戊辰戦争』中公新書、一九七七年
杉 仁「逸脱する庶民文人」須田努編『逸脱する百姓』東京堂出版、二〇一〇年
須田 努「人斬りの村」中嶋久人・趙景達・須田努編『暴力の地平を超えて』青木書店、二〇〇四年
須田 努『幕末の世直し 万人の戦争状態』吉川弘文館、二〇一〇年

須田　努「武州世直し騒動の記憶」白井哲哉・須田努編『地域の記録と記憶を問い直す』八木書店、二〇一六年
須田　努『三遊亭円朝と民衆世界』有志舎、二〇一七年
高木俊輔『『夜明け前』の世界』平凡社、一九九八年
高橋裕文『幕末水戸藩と民衆運動』青史出版、二〇〇五年
丹治健蔵『天狗党の乱と渡船場栗橋関所の通行査検』岩田書院、二〇一五年
中島　明『幕藩制解体期の民衆運動』校倉書房、一九九三年
野口武彦『幕府歩兵』中公新書、二〇〇二年
早田旅人「幕末期百姓の自意識と家・身分意識」須田努編『逸脱する百姓』東京堂出版、二〇一〇年
飯能市郷土館『特別展飯能戦争　飯能炎上』飯能市郷土館、二〇一一年
飯能市名栗村史編集委員会編『名栗の歴史』上、飯能市教育委員会、二〇〇八年
保谷　徹『戊辰戦争』吉川弘文館、二〇〇七年
宮間純一『戊辰内乱期の社会』思文閣出版、二〇一五年
室伏　勇『天狗党追録』暁印書館、二〇〇一年
吉﨑雅規『幕末江戸と外国人』同成社、二〇二〇年
渡辺尚志『百姓たちの幕末維新』草思社、二〇一二年

須田 努

1959年，群馬県生まれ．早稲田大学大学院文学研究科博士後期課程修了．博士(文学)．
現在―明治大学情報コミュニケーション学部教授
専攻―日本近世・近代史(民衆史・社会文化史)
著書―『「悪党」の一九世紀――民衆運動の変質と“近代移行期”』(青木書店)
『イコンの崩壊まで――「戦後歴史学」と運動史研究』(青木書店)
『幕末の世直し 万人の戦争状態』(吉川弘文館)
『現代を生きる日本史』(共著，岩波書店)
『吉田松陰の時代』(岩波書店)
『三遊亭円朝と民衆世界』(有志舎)

幕末社会　　岩波新書(新赤版)1909

2022年1月20日　第1刷発行
2022年6月15日　第3刷発行

著　者　須《す》田《だ》 努《つとむ》

発行者　坂本政謙

発行所　株式会社 岩波書店
〒101-8002 東京都千代田区一ツ橋2-5-5
案内 03-5210-4000　営業部 03-5210-4111
https://www.iwanami.co.jp/

新書編集部 03-5210-4054
https://www.iwanami.co.jp/sin/

印刷・精興社　カバー・半七印刷　製本・中永製本

ISBN 978-4-00-431909-2　　Printed in Japan

岩波新書新赤版一〇〇〇点に際して

ひとつの時代が終わったと言われて久しい。だが、その先にいかなる時代を展望するのか、私たちはその輪郭すら描きえていない。二〇世紀から持ち越した課題の多くは、未だ解決の緒を見つけることのできないままであり、二一世紀が新たに招きよせた問題も少なくない。グローバル資本主義の浸透、憎悪の連鎖、暴力の応酬――世界は混沌として深い不安の只中にある。

現代社会においては変化が常態となり、速さと新しさに絶対的な価値が与えられた。消費社会の深化と情報技術の革命は、種々の境界を無くし、人々の生活やコミュニケーションの様式を根底から変容させてきた。ライフスタイルは多様化し、一面では個人の生き方をそれぞれが選びとる時代が始まっている。同時に、新たな格差が生まれ、様々な次元での亀裂や分断が深まっている。社会や歴史に対する意識が揺らぎ、普遍的な理念に対する根本的な懐疑や、現実を変えることへの無力感がひそかに根を張りつつある。そして生きることに誰もが困難を覚える時代が到来している。

しかし、日常生活のそれぞれの場で、自由と民主主義を獲得し実践することを通じて、私たち自身がそうした閉塞を乗り超え、希望の時代の幕開けを告げてゆくことは不可能ではあるまい。そのために、いま求められていること――それは、個と個の間で開かれた対話を積み重ねながら、人間らしく生きることの条件について一人ひとりが粘り強く思考することではないか。その営みの糧となるものが、教養に外ならないと私たちは考える。歴史とは何か、よく生きるとはいかなることか、世界そして人間はどこへ向かうべきなのか――こうした根源的な問いとの格闘が、文化と知の厚みを作り出し、個人と社会を支える基盤としての教養となった。まさにそのような教養への道案内こそ、岩波新書が創刊以来、追求してきたことである。

岩波新書は、日中戦争下の一九三八年一一月に赤版として創刊された。創刊の辞は、道義の精神に則らない日本の行動を憂慮し、批判的精神と良心的行動の欠如を戒めつつ、現代人の現代的教養を刊行の目的とする、と謳っている。以後、青版、黄版、新赤版と装いを改めながら、合計二五〇〇点余りを世に問うてきた。そして、いままた新赤版が一〇〇〇点を迎えたのを機に、人間の理性と良心への信頼を再確認し、それに裏打ちされた文化を培っていく決意を込めて、新しい装丁のもとに再出発したいと思う。一冊一冊から吹き出す新風が一人でも多くの読者の許に届くこと、そして希望ある時代への想像力を豊かにかき立てることを切に願う。

（二〇〇六年四月）

岩波新書より

世界史

スペイン史10講	立石博高
ヒトラー	芝健介
ユーゴスラヴィア現代史〔新版〕	柴宜弘
東南アジア史10講	古田元夫
チャリティの帝国	金澤周作
太平天国	菊池秀明
ドイツ統一	アンドレアス・レダー 板橋拓己訳
人口の中国史	上田信
カエサル	小池和子
世界遺産	中村俊介
奴隷船の世界史	布留川正博
独ソ戦 絶滅戦争の惨禍	大木毅
イタリア史10講	北村暁夫
フランス現代史	小田中直樹
移民国家アメリカの歴史	貴堂嘉之
フィレンツェ	池上俊一
マーティン・ルーサー・キング	黒﨑真
ナポレオン	杉本淑彦
ガンディー 平和を紡ぐ人	竹中千春
イギリス現代史	長谷川貴彦
ロシア革命 破局の8か月	池田嘉郎
天下と天朝の中国史	檀上寛
孫文	深町英夫
古代東アジアの女帝	入江曜子
新・韓国現代史	文京洙
ガリレオ裁判	田中一郎
人間・始皇帝	鶴間和幸
袁世凱	岡本隆司
二〇世紀の歴史	木畑洋一
イギリス史10講	近藤和彦
植民地朝鮮と日本	趙景達
シルクロードの古代都市	加藤九祚
中華人民共和国史〔新版〕	天児慧
物語 朝鮮王朝の滅亡◆	金重明
新・ローマ帝国衰亡史	南川高志
近代朝鮮と日本	趙景達
マヤ文明	青山和夫
北朝鮮現代史◆	和田春樹
四字熟語の中国史	冨谷至
李鴻章	岡本隆司
新しい世界史へ	羽田正
パル判事	中里成章
グランドツアー 18世紀イタリアへの旅	岡田温司
マルコムX	荒このみ
パリ 都市統治の近代	喜安朗
ノモンハン戦争 モンゴルと満洲国	田中克彦
中国という世界	竹内実
ウィーン 都市の近代	田口晃
紫禁城	入江曜子
ジャガイモのきた道	山本紀夫
北京	春名徹
創氏改名	水野直樹

岩波新書より

シリーズ アメリカ合衆国史

植民地から建国へ　19世紀初頭まで　和田光弘

南北戦争の時代　19世紀　貴堂嘉之

20世紀アメリカの夢　世紀転換期から一九七〇年代　中野耕太郎

グローバル時代のアメリカ　冷戦時代から21世紀　古矢旬

岩波新書より

アマテラスの誕生　溝口睦子
遣唐使　東野治之
戦艦大和　生還者たちの証言から　栗原俊雄
中世日本の予言書　小峯和明
歴史のなかの天皇◆　吉田孝
沖縄現代史〔新版〕　新崎盛暉
刀狩り　藤木久志
戦後史　中村政則
明治デモクラシー　坂野潤治
環境考古学への招待　松井章
源義経　五味文彦
明治維新と西洋文明　田中彰
奈良の寺　奈良文化財研究所編
西園寺公望　岩井忠熊
日本の軍隊　吉田裕
聖徳太子　吉村武彦
東西／南北考　赤坂憲雄
江戸の見世物　川添裕
日本文化の歴史　尾藤正英

熊野古道◆　小山靖憲
日本の神々　谷川健一
南京事件　笠原十九司
日本社会の歴史　上・中・下　網野善彦
神仏習合　義江彰夫
従軍慰安婦　吉見義明
中世に生きる女たち　脇田晴子
考古学の散歩道　田中琢・佐原真
武家と天皇　今谷明
中世倭人伝　村井章介
琉球王国　高良倉吉
昭和天皇の終戦史　吉田裕
幻の声　NHK広島 8月6日　白井久夫
西郷隆盛　猪飼隆明
象徴天皇制への道　中村政則
正倉院　東野治之
軍国美談と教科書　中内敏夫
日中アヘン戦争　江口圭一

青鞜の時代　堀場清子
子どもたちの太平洋戦争　山中恒
江戸名物評判記案内　中野三敏
国防婦人会　藤井忠俊
日本文化史〔第二版〕　家永三郎
平将門の乱　福田豊彦
日本中世の民衆像◆　網野善彦
神々の明治維新　安丸良夫
戒厳令　大江志乃夫
漂海民　羽原又吉
真珠湾・リスボン・東京　森島守人
陰謀・暗殺・軍刀　森島守人
東京大空襲　早乙女勝元
兵役を拒否した日本人　稲垣真美
演歌の明治大正史　添田知道
天保の義民　松好貞夫
太平洋海戦史〔改訂版〕　高木惣吉
太平洋戦争陸戦概史　林三郎
近衛文麿　岡義武

(2021.10)　◆は品切，電子書籍版あり．(N2)

岩波新書より

シリーズ 日本中世史
中世社会のはじまり 五味文彦
鎌倉幕府と朝廷 近藤成一
室町幕府と地方の社会 榎原雅治
分裂から天下統一へ 村井章介

(2021.10) ◆は品切，電子書籍版あり．(N4)